Ursula Imhof

Einfach himmlisch

Ursula Imhof

Einfach himmlisch

Begegnungen mit Engeln

Kurzgeschichten

BRUNNEN
VERLAG GIESSEN · BASEL

ABCteam-Bücher erscheinen in folgenden Verlagen:
Aussaat Verlag Neukirchen-Vluyn
R. Brockhaus Verlag Wuppertal und Zürich
Brunnen Verlag Gießen und Basel
Christliches Verlagshaus Stuttgart
Oncken Verlag Wuppertal und Kassel

2. Auflage 1998

Umschlaggestaltung: Ralf Simon
Satz: DTP Brunnen
Herstellung: Ebner Ulm
ISBN 3-7655-3562-1

Ich glaube, daß den Engeln
eine hohe Wichtigkeit zukommt,
und zwar eine höhere, als manche Menschen,
selbst unter den frömmsten, es annehmen.

Werner Bergengruen

Inhalt

Ein paar Sätze vorneweg 9

Kira und Albert 11

Katjas persönlicher Engel 25

Ist das Liebe? 35

Klassentreffen 49

Die Rivalin 57

Liebe macht sehend 73

Männer mit Flügeln? – Gesprächshilfen 91

Ein paar Sätze vorneweg

Journalisten wissen es immer ganz genau. „Frau hatte Schutzengel", steht am nächsten Tag in der Zeitung, wenn ein Unglücksfall glimpflich ausgegangen ist. Wie ist es mit uns, glauben wir an Engel? Wer von uns hat schon mal einen gesehen? Wer würde behaupten, keinen nötig zu haben?

Seit jeher haben sich Künstler durch das Geheimnis der Engelwelt inspirieren lassen. In vielerlei Gestalt wurden diese rätselhaften Wesen dargestellt, angefangen von halbnackten, niedlichen Putten bis hin zum athletischen Jüngling, je nach Geschmack mit oder ohne Flügel. Wie sehen Engel wirklich aus?

Leider kann uns das keiner sagen, auch die Bibel verrät darüber nicht viel. Allerdings spricht sie ganz selbstverständlich von der Existenz solcher himmlischer Boten, die uns in Gottes Auftrag etwas klarmachen oder vor Gefahren schützen sollen – je nachdem. Manchmal treten sie in menschlicher Gestalt auf, in anderen Fällen melden sie sich in Träumen zu Wort.

Ich glaube, daß Gott auch heute noch seine himmlischen Boten zu uns schickt. Es gibt unerklärliche Situationen, Ereignisse, die unseren menschlichen Verstand übersteigen. Vielleicht sind wir schon einmal einem Boten Gottes begegnet, ohne es zu wissen, wurden von ihm bewahrt oder gemahnt – ohne logische Erklärung! Aber müssen wir alles erklären? Manches ist einfach nur wunderbar – einfach himmlisch. Davon handeln die Kurzgeschichten in diesem Buch.

Wozu habe ich diese Geschichten geschrieben? Vor allem natürlich sollen sie meinen Leserinnen und Lesern gefallen.

Vielleicht kommt es ja dazu, daß wir durch die eine oder andere Geschichte aufmerksam werden auf Fingerzeige Gottes in unserem eigenen Leben?

Und schließlich, denke ich, laden die Geschichten ein, um mit anderen darüber ins Gespräch zu kommen, wie Gott in unser Leben eingreifen, uns korrigieren und neu motivieren kann. Deshalb habe ich am Schluß des Buches noch einige Aussagen der Bibel zusammengestellt – für den Fall, daß Sie Lust bekommen, sich in einem Haus- oder Gesprächskreis mit dem Thema zu beschäftigen.

Ursula Imhof

Kira und Albert

Während sie auf der Brücke stand und in den Fluß starrte, gingen Kira wirre Gedanken durch den Kopf, die sie kaum ordnen konnte. Immer wieder sah sie das schreckliche Bild vor sich, das sich tief in ihr Gedächtnis eingegraben hatte und ihr jedes Mal aufs neue Tränen in die Augen trieb: Ihr Mann Stefan ... zusammen mit dieser fremden Frau, die in Zukunft ihre Stelle einnehmen sollte!

Das Wasser unter der Brücke lag im Dunkeln. Nur hier und da konnte sie für kurze Zeit weiße Spitzen aufleuchten sehen, wenn eine Welle sich brach und Gischt hoch aufspritzte. Sie hörte das drohende Gurgeln der Strömung in der Finsternis unter sich, wenn der Wind das Wasser mit großer Geschwindigkeit vor sich her trieb.

Weit beugte Kira sich über das Geländer, versuchte abzuschätzen, wie groß der Abstand zwischen Brücke und Wasserspiegel war. Ob die Höhe ausreichen würde, ihr beim Aufschlag die Besinnung zu rauben? Ob die Kälte des Wassers ihr den Kampf ums Überleben unmöglich machte und der Tod sie schnell mit gnädigen Armen umfangen und aufnehmen würde? Schließlich wollte sie sichergehen, daß ihr Vorhaben gelang, daß sie nicht anfing sich zu quälen, vielleicht sogar um ihr Leben kämpfte, das sie ja nicht mehr wollte!

Was hatte sie denn noch von diesem Leben mit all seinen Mühen und Sorgen, die dann doch immer nur in Enttäuschungen endeten? Was sollte sie hier in dieser Welt, wo Stefan sie so sehr gedemütigt, sie herzlos im Stich gelassen hatte? Ausgerechnet ihr Stefan – und das nach allem, was sie für ihn getan hatte!

Nein, dieses Leben hatte sich nicht gelohnt, stellte Kira jetzt fest. Nun gut, es hatte Zeiten gegeben, die ganz passabel, ja eigentlich sogar richtig lebenswert und glücklich gewesen waren! Zum Beispiel die Zeit ihrer ersten jungen Liebe mit all ihrer Aufregung und Unruhe, aber gleichzeitig auch mit dem wunderbaren Gefühl der Geborgenheit und des Geliebtwerdens. Wie glücklich war sie damals gewesen, als Stefan ihr seine Liebe erklärt hatte, sie bat, seine Frau zu werden und ihr Treue für ein ganzes Leben versprach. Sie hatte ihm jedes Wort geglaubt, hatte gedacht, nichts und niemand könnte jemals in dieses Glück eindringen.

Bitter lachte Kira auf. „Ich Idiot!" murmelte sie verbissen vor sich hin. „Ich blöder Einfaltspinsel! Ich habe diesem Mann vertraut, habe alles für ihn getan, nur damit er mich jetzt ...!"

Nein, Stefan mußte seine Strafe bekommen, dafür wollte sie sorgen! Er sollte erkennen, wie sehr er sie verletzt hatte! In ein paar Stunden, wenn man sie tot an Land gezogen hatte und er in ihr kaltes starres Gesicht sehen mußte, dann würde ihn die grausame Erkenntnis überfallen. Bestimmt würde er sein Handeln zutiefst bereuen, aber dann wäre es zu spät! Er würde ihren leblosen Körper stürmisch in seine Arme reißen, sie unter Tränen anflehen, doch die Augen aufzumachen, wieder zu atmen, mit ihm zu sprechen. Aber sie würde nur still daliegen und sich nicht rühren!

„Eigentlich schade, daß ich das nicht miterleben kann!" dachte sie und hatte einen Moment lang das Gefühl, daß irgend etwas an ihrem Plan fehlerhaft war. Sollte sie besser doch nicht ...? Gab es vielleicht doch noch eine Chance, Stefan zurückzugewinnen? Ach nein, das war unmöglich! Bloß nicht im letzten Moment schwach werden! Schließlich hatte er ihr klipp und klar erklärt, daß er eine andere liebte und die auch besser zu ihm paßte! Was sollte sie schon gegen ein solches Argument setzen? Nichts, aber auch gar nichts!

Außerdem – sie hatte sich nun einmal entschieden, von der Bühne abzutreten, dies hier sollte der letzte Akt sein! Ein Abschiedsbrief für Stefan lag bereit, vielleicht hatte er ihn sogar schon gefunden! Also konnte sie gar nicht mehr zurück! Sie würde sich ja total lächerlich machen, wenn sie nach diesem Theater plötzlich kerngesund bei Stefan auftauchen würde! Und im übrigen, was sollte sie noch hier, so allein in dieser Welt, so hilflos dem grausamen Leben ausgeliefert?

Sie legte die Hände um die kalten Stäbe des Geländers, zögerte, hielt sich einen Moment an ihnen fest und schwang dann kurzentschlossen die Beine hinüber. Zitternd stand sie auf dem schmalen Sims hinter dem Geländer, vor sich nur noch dunkle Tiefe! Fest schloß sie die Augen, um nichts sehen zu müssen, machte sich zum Sprung bereit. Aber noch zögerte sie, hatte plötzlich große Angst!

„Nur Mut, Kira! Gleich ist es vorbei!" ermunterte sie sich halblaut. Wieder lockerte sie ihre Hände ein wenig, die dennoch das Geländer nicht völlig loslassen wollten. Gegen ihren Willen klammerten sie sich weiter an die kalten Eisenstäbe.

„Hast du dir das auch gut überlegt?" sagte da plötzlich eine tiefe Stimme neben ihr.

Erschrocken fuhr Kira herum, ließ dabei eine Hand los und wäre fast in den Fluß gefallen. Krampfhaft klammerte sie sich an das Geländer, drehte den Kopf halb herum, um herauszufinden, wer da mit ihr sprach. Ein Mann war dort zu sehen, eher alt als jung, eher klein als groß, alles in allem ziemlich unauffällig. Er hatte schütteres dunkles Haar, einen kleinen Bauchansatz und sah sie durch eine Brille, die ihm tief auf die Nase gerutscht war, an.

Ruhig sprach er weiter: „Wenn du da jetzt runterspringst, dann ist das eine endgültige Sache! Die Brücke ist hoch, das Wasser ist sehr kalt und die Strömung ungemein stark. Selbst wenn du eine gute Schwimmerin bist, wird es kaum möglich sein, das Ufer zu erreichen!"

„Was soll das?" stammelte Kira und musterte den Mann neben sich. „Wer sind Sie überhaupt?"

„Vielleicht dein Schutzengel!" meinte der Mann vergnügt.

„Witzbold!" fuhr Kira ihn an. „Dies hier ist kein Spaß, und mir ist auch wirklich nicht nach Witzen zumute. Also, wer sind Sie eigentlich?"

„Sag einfach Albert zu mir!" antwortete der Fremde ruhig. „Und was ich will? Natürlich möchte ich verhindern, daß du so eine Riesendummheit begehst! Es gibt immer einen anderen, besseren Ausweg als das da." Er zeigte mit dem Finger in die Tiefe.

„Nein!" sagte Kira trotzig. „In meinem Fall gibt es keinen besseren Weg! Außerdem – was geht dich das überhaupt an? Es ist doch mein Leben und meine Dummheit! Die Verantwortung dafür habe ich – ich allein! Also verschwinde, und laß mich in Ruhe!"

„Ruhe? Nein, die wirst du nicht haben!" erwiderte Albert eindringlich. „Meinst du, wenn du da jetzt hinunterspringst, dann hast du deine Ruhe? Glaubst du im Ernst, du liegst einfach irgendwo still unter der Erde, dein Bewußtsein ist für immer ausgelöscht, und alles, was dein Leben und deine Person ausgemacht hat, ist unwiederbringlich dahin? Hast du einmal daran gedacht, daß es vielleicht noch eine andere Art von Leben gibt? Ein Leben, das ungleich schöner und reichhaltiger ist als das allerbeste hier, und daß du mit deinem endgültigen Schritt die Chance verschenkst, daran teilnehmen zu dürfen? Reicht es dir wirklich aus, wenn du ein bißchen beweint und dann vergessen wirst? Nein Kira, so einfach ist das nicht, wenn du ...!"

„Wieso ... woher weißt du meinen Namen?" Staunend unterbrach Kira ihren Gesprächspartner.

„Ach, hast du mir den nicht soeben genannt?" meinte Albert und legte nachdenklich einen Finger an seine Nase. „Wie dem auch sei, du kannst dich nicht einfach davonschleichen. Du wirst immer eine Spur hinterlassen, so oder so!"

„Na und? Das will ich ja auch!" kam Kiras patzige Antwort. „Stefan soll schließlich merken, was er angerichtet hat! In den Jahren, als er mich brauchte, da war ich ihm gut genug, da war es angeblich die ganz große Liebe zwischen uns. Doch jetzt, wo er nicht mehr auf mich angewiesen ist, weil er selbst genug Geld verdient, da entdeckt er plötzlich, daß wir eigentlich gar nicht zusammenpassen. Er ist ein egoistischer Schuft, ein Mann ohne Gewissen, ohne tiefere Gefühle, er ist ...!"

Nun liefen dicke Tränen über Kiras Gesicht.

„Und für so einen willst du dein Leben wegwerfen?" fragte Albert. Er nahm ein Taschentuch aus seiner Tasche und reichte es Kira. „Er ist es gar nicht wert, daß du seinetwegen dein Leben wegwirfst. Wach auf, Kira, zeig ihm, wozu du imstande bist! Beweise diesem Schuft, daß du nicht auf ihn angewiesen bist, sondern sehr wohl alleine zurechtkommen kannst!"

„Aber ich liebe ihn doch immer noch, trotz allem!" Kira weinte noch heftiger als zuvor. „Ich schaffe es nicht allein, fühle mich so einsam!"

„Doch, du schaffst es. Du bist noch so jung, hast noch dein ganzes Leben vor dir und kannst noch so vieles ...!" versuchte Albert es aufs neue.

Kira war entrüstet. „Jetzt fang mir bloß nicht mit diesem Gelaber an! Das stinkt mir!" ereiferte sie sich, trocknete ihre Tränen und steckte das Taschentuch in ihre Jackentasche. „Was glaubst du, wie oft ich das schon gehört habe? Immer heißt es: Kira, du wirst es schon schaffen, Kira, es gibt auch noch andere Männer, Kira hier und Kira da! Aber ich will nicht, hörst du? Ich will nicht nach all den Jahren als die Dumme dastehen, die sich nur ausnutzen ließ und jetzt abgelegt wird wie ein alter Schuh. Nein, ich will es nicht!"

„Also verletzte Eitelkeit?" fragte Albert ruhig. „Und dazu noch trotzig wie ein kleines Mädchen!"

„Quatsch!" fuhr Kira zornig auf. „Aber wie würdest du dich fühlen, wenn man dich jahrelang benutzt hätte und dir dann einen Tritt gibt? Und stell dir mal vor, das hat dieser Stefan mit mir getan! Als wir uns vor Jahren kennenlernten, da war ich schon mit meiner Ausbildung als Krankenschwester fertig, hatte eine eigene Wohnung und verdiente ganz gut. Stefan kam als Praktikant in unser Krankenhaus, wollte später studieren. Wir haben uns ineinander verliebt, haben geheiratet. Und während Stefan in aller Ruhe studieren konnte, habe ich gearbeitet, habe für ihn geschuftet, um ihm seine Bedürfnisse zu erfüllen. Zusätzliche Nachtdienste habe ich übernommen, in meiner Freizeit sogar noch seine Studienarbeiten abgetippt. Das alles war wirklich nicht leicht, das kannst du mir glauben. Aber ich habe es aus Liebe zu ihm getan. Und er hat mich immer getröstet, daß alles viel besser würde, wenn er erst mit dem Studium fertig sei. Dann wollten wir nachholen, was wir versäumten, wollten reisen und uns vergnügen. Und später einmal wollten wir Kinder haben und miteinander ...!" Sie konnte nicht weiterreden, schluckte mühsam die erneut aufsteigenden Tränen hinunter.

„Und als Stefan endlich mit seinem Studium fertig ist, lernt er eine Kollegin kennen, die angeblich besser zu ihm paßt und mit der er in Zukunft zusammen arbeiten und leben möchte!" ergänzte Albert ihre Erzählung.

„Woher weißt du das?" fragte Kira überrascht und sah Albert prüfend von der Seite an.

„Ach, das kann ich mir denken! Du bist nicht die einzige, der das passiert. Glaub mir, so etwas kommt alle Tage vor."

„Ja, so war es wirklich!" erzählte Kira weiter. „Stell dir vor, ich hatte keine Ahnung von seinem Betrug, schiebe im Krankenhaus Nachtwache, während er mit dieser Frau ...! Das ist doch nicht zu fassen! Natürlich habe ich Stefan sofort vor die Alternative gestellt, entweder ich oder die andere, habe ich gesagt! Und statt sich zu mir zu bekennen, verlangt dieser Mann doch tatsächlich die Scheidung! Was soll ich denn jetzt nur tun?"

„Einwilligen!"

„Wie bitte?" Kira sah ihn empört an. „Soll ich einfach zusehen, wie die beiden sich jetzt ein schönes Leben machen, nachdem ich mich jahrelang aufgeopfert habe? Steht mir nicht auch ein bißchen Dankbarkeit zu für alle meine Liebe und Mühe?"

„Nein!" widersprach Albert ruhig.

Kira war höchst verwirrt. „Wieso sagst du das? Stefan hat doch die ganzen Jahre mein Geld genommen. Ich habe ihm das Essen gekocht und die Wäsche gewaschen, habe meine eigenen Wünsche häufig zurückgestellt, um für ihn da zu sein. Wäre das nicht Grund genug für ein bißchen Dankbarkeit?"

„Nein, oder hast du Stefan als eine Art Versicherung angesehen, in die man einzahlt und von der man später ein Vielfaches zurückerstattet bekommt?“ stellte Albert die Gegenfrage. „Hast du deine Liebe freiwillig abgegeben, sie verschenkt – oder hast du sie als Investition angesehen? Wolltest du dir mit deiner Opferbereitschaft Stefans ewige Dankbarkeit erkaufen, oder hast du es nicht auch genossen, geliebt zu werden und für einen anderen dasein zu dürfen? Ach Kira, begreif doch! Liebe ist ein Geschenk, das einem unverdient zuteil wird, auf das aber niemand einen Anspruch hat. Wenn dir Liebe angeboten wird, so ist das ein ganz großes Wunder. Und wenn du fähig wirst, selbst zu lieben oder gar selbstlos zu lieben, dann ist dieses Wunder einzigartig, weil du dann nicht mehr nach Gewinn oder Verlust fragst, sondern einfach nur noch gibst!“

„Woher weißt du das alles?“ fragte Kira plötzlich interessiert. „Ich meine, du in deinem Alter siehst nicht gerade so aus, als ob du allzuviel Erfahrung in Sachen Liebe hättest.“

Albert lächelte. „ Ich kenne den Ursprung der Liebe. Wo Liebe die größte Macht ist, da beginnt erst das wirkliche Leben, da wird nicht auf- oder abgerechnet. Eines Tages wirst du es verstehen, wenn du es wirklich von ganzem Herzen willst. Aber das kannst du nur dann, wenn du weiterlebst! Also, Kira, wirf dein Leben nicht einfach weg. Geh zurück und lerne leben!“

Kira überlegte. „Ach, ich weiß nicht!“ zögerte sie. „Leben lernen … damit kann ich nichts anfangen!“

Sie blickte nachdenklich in die schwarze Tiefe hinunter. Dabei lockerte sie unbedacht ihre Hände, die jetzt eiskalt waren. Ihre Füße glitten auf dem Sims aus, und sie geriet ins Taumeln. Erschrocken griff sie erneut nach dem Geländer, konnte sich aber nicht festhalten, weil ihre Finger vollkommen gefühllos waren. Und nun verlor sie vollends den Halt. Mit einem Schrei des Entsetzens stürzte sie in die Tiefe.

Eiskalt schlug das Wasser über ihr zusammen. Ihre Kleidung blähte sich kurz auf, zog sie dann schwer in die Tiefe. Angstvoll hielt sie den Atem an, ruderte mit Armen und Beinen, um wieder an die Oberfläche zu gelangen, merkte entsetzt, wie die Luft in ihren Lungen bereits knapp wurde.

„Aus, vorbei! Das war's also!" dachte sie und geriet allmählich in Panik. Sie kämpfte und strampelte und versuchte mit allen Kräften, die Wasseroberfläche zu erreichen. Ganz kurz tauchte sie noch einmal auf, rang schwer nach Atem. Doch bevor sie noch genug Luft in ihre Lungen pumpen konnte, wurde sie schon wieder in die Tiefe gezogen.

Sie wollte schreien, um Hilfe rufen, aber Wasser drang in ihre Kehle, machte es ihr unmöglich auch nur einen Ton herauszubekommen. Mußte sie nun sterben? Eigentlich, wenn sie recht überlegte, war das Leben ja gar nicht mal so schlecht!

Langsam ließen Kiras Kräfte nach, sie war nun mal keine besonders gute Schwimmerin. Doch plötzlich staunte sie. Sie fühlte eine Hand, die sie kräftig nach oben drückte, dann zwei starke Arme, die sie hochhoben und ihren Kopf über Wasser hielten. Sie begann zu husten und zu spucken, atmete einmal vorsichtig ein, und als kein Wasser mehr in ihre Kehle drang, gleich noch einmal. Mühsam versuchte sie die Augen zu öffnen und sah durch ihre vor dem Gesicht klebenden Haarsträhnen Albert neben sich.

„Du machst einem alten Mann ganz schön viel Mühe!" sagte er vorwurfsvoll und klopfte leicht auf ihren Rücken, damit sie das geschluckte Wasser von sich geben konnte.

„Hilf mir, bitte! Ich will leben!" keuchte Kira voller

Entsetzen und klammerte sich an Albert. „Eigentlich wollte ich ja gar nicht ...!" Sie wurde von einem neuen Hustenanfall geschüttelt, schluckte wieder Wasser.

„Warum tust du das für mich?" keuchte sie mühsam, als sie ruhiger geworden war, und wandte den Kopf zu ihm herum. „Du könntest mit mir zusammen ertrinken, es ist so kalt und ...!"

„Mach dir um mich keine Sorgen!" erwiderte Albert. „Halte dich einfach nur fest! Gleich hast du es geschafft!"

Am Ufer blitzten plötzlich helle Scheinwerfer auf, zeigten ihnen den Weg. Eine Sirene heulte laut. Irgend jemand war offenbar auf das Geschehen aufmerksam geworden, hatte die Feuerwehr benachrichtigt, die jetzt Helfer mit einem Boot ins Wasser schickte.

Kira und Albert waren nur noch wenige Meter vom Ufer entfernt. Aber Kiras Körper war vor lauter Kälte so steif und gefühllos geworden, daß sie nicht mehr fähig war, sich zu bewegen. Die Kälte kroch bis in ihr Gehirn vor, lähmte ihre Gedanken und ihren Willen. Schläfrig schloß sie die Augen, hatte das Bedürfnis aufzugeben, sich einfach fallenzulassen.

„He, Kira! Jetzt nicht schlappmachen!" fuhr Albert sie an und rüttelte sie kräftig.

„Ich ... ich bin so müde ... ich kann nicht weiter ... laß mich einfach los!" Kira konnte nur noch undeutlich lallen.

„Nein Kira, aufwachen! Los, mach die Augen auf!" verlangte Albert lautstark. Und als sie nicht reagierte, kniff er so heftig in ihre Rückseite, daß sie vor Schmerz aufschrie und die Augen entrüstet aufriß.

„Was fällt dir ein!" giftete sie Albert an, versuchte noch einmal, ihren starren Körper zu bewegen. Mit letzter Kraft und fest an Albert geklammert strampelte sie dem Ufer zu.

Endlich waren die beiden Helfer da, streckten hilfreich

ihre Arme aus, um sie aus dem Wasser zu ziehen. Kira spürte noch, wie man sie in ein Boot zog, dann war plötzlich nur noch dunkle Nacht um sie.

Als sie wieder wach wurde, lag sie in dicke Decken eingehüllt auf der Trage des Krankenwagens. Sie zitterte vor Kälte und Erschöpfung. In ihrem rechten Arm steckte die Nadel einer Infusionsflasche, und der linke trug die Manschette eines Blutdruckmessers. Ein Arzt saß neben ihr, beugte sich nun über sie und sagte freundlich. „Na, wieder unter den Lebenden?"

Sekundenlang mußte Kira überlegen, was eigentlich mit ihr passiert war. Dann erinnerte sie sich. „Ist alles in Ordnung? Ich meine, haben Sie auch ...?"

Der Arzt nickte ihr zu. „Alles okay! Bleiben Sie nur ganz ruhig liegen. Sie sind zwar unterkühlt und erschöpft, aber sonst ist anscheinend alles in Ordnung. Ich muß schon sagen, so etwas habe ich in meinem Leben noch nicht gesehen. Eigentlich ist es schon fast ein Wunder, daß Sie überlebt haben. Normalerweise kann es kein Mensch länger als ein paar Minuten in dieser Wassertemperatur aushalten. Daß Sie dazu noch die Kraft hatten, in der starken Strömung zu schwimmen, und es fast bis zum Ufer geschafft haben ... Sie müssen eine ausgezeichnete Schwimmerin sein!"

„Aber nein! Ich kann mich gerade mal so über Wasser halten!" lächelte Kira müde. „Albert war es, der mich gerettet hat. Ohne ihn hätte ich es niemals geschafft!"

„Wer?" Der Arzt blickte sie verständnislos an. „Von wem reden Sie?"

„Nun, von Albert natürlich!" Kira begann sich jetzt doch um ihren Retter zu sorgen. Hoffentlich war ihm nichts passiert! „Haben Sie denn Albert nicht auch herausgeholt?"

fragte sie erregt. „Er hat mich doch die ganze Zeit über Wasser gehalten und mich an Land gebracht, als ich nicht mehr konnte! Bitte, wo ist er jetzt?“

Die beiden Männer, die sie aus dem Wasser gezogen hatten, kamen herein, setzten sich neben Kira, fragten den Arzt nach ihrem Befinden.

„Wo ist Albert?“ fragte Kira die beiden, streifte die Decken ab und wollte aufstehen. Der Arzt drückte sie mit sanfter Gewalt auf die Trage zurück, fühlte ihren Puls und prüfte erneut den Blutdruck.

„Sie müssen ganz ruhig bleiben!“ sagte er in einem Ton, als spräche er mit einem eigensinnigen Kind. Bedeutungsvoll blickte er die Männer an. „War da noch ein anderer im Wasser, ein sogenannter Albert?“

„Nein, natürlich nicht!“ bestätigte einer der beiden, nachdem er seinem Kollegen einen belustigten Blick zugeworfen hatte. „Die junge Frau hat sich die ganze Zeit an einem Holzbalken festgehalten und ist damit an Land geschwommen. Alle Achtung, Lady, eine reife Leistung, das muß ich schon sagen!“

Kira protestierte. „Quatsch, Holzbalken! Albert hat mich gerettet. Er ist mir von der Brücke aus nachgesprungen, hat mich die ganze Zeit über Wasser gehalten. Und als ich nicht mehr konnte, da hat er mich angeschrien und mich sogar gekniffen. Da!“ Sie zeigte mit dem Finger auf die Stelle, die jetzt noch schmerzte und sicher einen blauen Fleck ergeben würde.

„Sie werden sich bei dem Sprung verletzt haben!“ erklärte der Feuerwehrmann mild lächelnd. „Ein junges Paar hat beobachtet, wie Sie von der Brücke sprangen und hat uns sofort benachrichtigt. Dann haben die beiden gesehen, daß ein Balken im Wasser schwamm, den Sie zu fassen bekamen und an dem Sie sich die ganze Zeit über festhielten. Jedenfalls sind wir alle erstaunt, wie Sie das geschafft haben. Einer so guten Schwimmerin wie Ihnen bin ich noch nie begegnet. Bei der Kälte und bei dieser starken Strömung – enorm, wirklich enorm!" Er schüttelte verwundert den Kopf.

„Aber ich sagte doch schon, ich kann kaum schwimmen! Glauben Sie mir doch, wenn Albert nicht gewesen wäre, dann ...! Ob er er vielleicht doch mein Schutzengel war?" Sie schwieg, als sie die Gesichter der Männer sah. Natürlich mußten die annehmen, sie habe in der Kälte des Wassers ihren Verstand verloren.

„Das ist nur der Schock!" murmelte der Arzt beruhigend. „Morgen, wenn Sie sich wieder besser fühlen, werden Sie darüber lachen und erkennen, daß dieser Albert nur eine Sinnestäuschung war. Ist ja auch kein Wunder, daß jemand nach so einer starken nervlichen Belastung plötzlich Dinge sieht, die es in Wirklichkeit gar nicht gibt!"

Er gab Kira eine Spritze, die sie schnell einschlafen ließ. Als sie Stunden später aufwachte, lag sie in einem weißbezogenen Bett in einem Krankenzimmer. Angestrengt überlegte sie, was mit ihr geschehen war. Und langsam erinnerte sie sich wieder an ihr nächtliches Erlebnis.

Kurz darauf kam der freundliche Arzt zu ihr, der sie in der Nacht versorgt hatte. „Nun, geht es Ihnen wieder besser?" fragte er teilnahmsvoll. „Das sind ja schöne Dinge, die Sie da machen! Warum haben Sie das getan? Warum wollten Sie sterben?"

„Weil ich dumm und egoistisch war!" erwiderte Kira aufrichtig. „Eigentlich wollte ich gar nicht wirklich sterben. Ich wollte nur jemandem einen Denkzettel verpassen und habe nicht genügend darüber nachgedacht, was ich mir selbst dabei antue. Aber das ist vorbei, jetzt möchte ich ein ganz neues Leben beginnen! Albert hat mir die Augen geöffnet!"

„Nun fangen Sie doch nicht schon wieder mit diesem Albert an!" meinte der Arzt und lächelte nachsichtig. „Den gibt es gar nicht, der existiert nur in Ihrer Phantasie!"

Er empfahl ihr, sich noch etwas auszuruhen und gegen Mittag nach Hause zu gehen. Dann ließ er sie allein.

Kira dachte nach, rief sich alles noch einmal in Erinnerung, was in der letzten Nacht geschehen war. Schließlich kam sie zu der Schlußfolgerung, daß die anderen wohl recht hatten: Sie hatte sich diesen Albert nur eingebildet. Kein Wunder, so erregt wie sie gewesen war! Und die Sache mit dem Balken, an den sie sich geklammert hatte, war ja auch eine einleuchtende Erklärung! In ihrer Angst hatte sie das rettende Stück Holz für Albert gehalten! Und ihre sonst so mäßigen Schwimmkünste waren sicher durch die Panik weit über ihre Grenzen hinaus gewachsen.

Aber egal! Es spielte jetzt keine Rolle mehr. Sie lebte! Und dafür war sie froh und dankbar! Sicher war das Leben auch ohne Stefan lebenswert, es gab so vieles zu lernen und zu entdecken! Sie mußte nur ihre Wertmaßstäbe neu setzen, sich anders orientieren als bisher, dann würde sie bestimmt Wertvolles erfahren.

Schon nach wenigen Stunden fühlte Kira sich stark genug, um nach Hause zu gehen. Sie nahm ihre Sachen, die inzwischen getrocknet waren, und kleidete sich an. Als sie ihre Jacke anzog und dabei in die Tasche faßte, fühlte sie einen Gegenstand, der ihr unbekannt vorkam. Verwundert holte sie ein großes weißes Taschentuch hervor.

Katjas persönlicher Engel

Wie sehen eigentlich Engel aus?" fragte Katja am Abendbrottisch und sah ihre Mutter erwartungsvoll an. „Ganz bestimmt nicht so wie du!" neckte Thomas seine kleine Schwester. „Engel sind immer brav und ganz sauber, machen nie was kaputt und tun alles, was ihre großen Brüder sagen!"

„Ja, genau! Das meine ich auch!" schaltete sich Marco schnell ein und zwinkerte seinem Bruder zu. „Außerdem haben die lange blonde Locken und rote Pausbacken, tragen schneeweiße Kleider mit goldenen Rüschen und haben auf ihrem Rücken riesige Flügel! Aber, Schwesterchen, wenn du gleich unsere Schuhe putzt und unser Zimmer aufräumst, hast du bestimmt noch eine Chance, eines Tages so ein süßes, braves Engelchen zu werden!"

„Nun laßt es mal gut sein!" ermahnte Christa ihre beiden Ältesten und wandte sich ihrer kleinen Tochter zu. „Weißt du, Katja, Engel – das sind Boten Gottes. Normalerweise sind sie für die Menschen nicht sichtbar, deshalb können wir auch nicht sagen, daß sie so oder so aussehen. Sie können sich uns in allen möglichen Gestalten zeigen, als Kleine oder Große, als Schwache oder Starke. Aber, sag mal, warum willst du das eigentlich wissen?"

„In der Schule führen wir demnächst ein Theaterstück auf, in dem ein Engel vorkommt!" erzählte Katja, und ihre Wangen glühten vor Eifer. „Und meine Lehrerin hat gefragt, ob ich den Engel spielen möchte! Ist das nicht toll? Natürlich habe ich ja gesagt. Was ziehe ich bloß an? Ich muß doch als Engel ganz besonders schön aussehen!"

Christa lächelte beruhigend. „Das kriegen wir schon hin!

Wir müssen erst einmal herausbekommen, was für eine Rolle der Engel in diesem Stück spielt, was er tun und sagen muß. Weißt du, Katja, Engel werden von Gott auf die Erde geschickt, um den Menschen etwas Besonderes zu sagen oder zu zeigen. Und dabei kommt es nicht auf das Aussehen an, sondern auf das, was der Engel zu sagen oder zu tun hat. Ein Engel muß nicht immer besonders schön und beeindruckend sein. Selbst ein zerlumpter Mann oder eine gebrechliche alte Frau können ein Engel sein."

„Dann hast du ja doch noch eine Chance!" grinste Thomas breit und fing sich einen strafenden Blick seiner Mutter ein. Und Marco fuhr fort: „Der Klaus aus meiner Klasse hat mir erzählt, daß seine Schwester ein Engel ist. Da habe ich zu ihm gesagt: ‚Mann, du hast es gut, meine lebt noch!'" Er und Thomas kugelten sich vor Lachen über Katjas verständnisloses Gesicht, die dieser Art von Humor ihrer älteren Brüder nicht folgen konnte.

„Es ist doch schön, wenn man eine Schwester hat, die ein Engel ist!" sagte sie naiv und hatte fast Tränen in den Augen, weil die beiden Jungen sie nur noch mehr auslachten.

„Schluß jetzt!" Ulrich faltete seine Zeitung zusammen und sah seine Söhne strafend an. „Ihr solltet euch nicht ständig auf Katjas Kosten amüsieren. Sie ist noch viel zu klein, um eure derben Späße zu verstehen! Komm, mein Schatz!" Er wandte sich an seine kleine Tochter und nahm sie tröstend in die Arme. „Laß die beiden nur reden! Wir werden das schon hinkriegen! Du wirst bestimmt der schönste Engel in der ganzen Schule sein!"

Katja ließ sich nur zu gerne von ihrem Vater trösten. Aber noch immer überlegte sie, welche Art von Engel sie wohl darstellen sollte. Später fragte sie ihre Mutter: „Glaubst du, daß ich mal einen richtigen Engel sehen kann?"

Christa überlegte. „Ich weiß es nicht!“ sagte sie nachdenklich. „Es gibt nicht viele Menschen, die schon mal einem Engel begegnet sind. Aber vielleicht haben wir einfach keinen Blick für sie! Vielleicht begegnen uns manchmal Engel und wir erkennen sie nicht, weil wir so unsere eigenen Vorstellungen von ihnen haben. Wir erwarten immer strahlende und mächtige Gestalten und übersehen dabei diejenigen, die ganz anders aussehen. Schon in der Bibel wird erzählt, daß manchmal Engel zu den Menschen gesandt wurden, und diese erkannten gar nicht, wer zu ihnen kam. Manchmal waren Engel furchterregende Gestalten, so daß die Menschen Angst bekamen. Andere wiederum waren einfach müde Wanderer, schmutzig und zerlumpt. Gott fordert uns sogar auf, daß wir stets gastfreundlich sein sollen, weil wir mit einem dieser müden Wanderer vielleicht einen Engel aufnehmen!“

Katja hörte aufmerksam zu, nickte jetzt eifrig. „Ich werde aufpassen, ob ich einen Engel sehe. Vielleicht ...!“ Sie lächelte erwartungsvoll.

Zwei Tage später kam Katja nachmittags vom Musikunterricht nach Hause und läutete Sturm. Christa öffnete schnell und blickte verständnislos auf ihre kleine Tochter, die mit einem fremden, nicht gerade gepflegt wirkenden Mann im Schlepptau vor der Haustür stand.

„Mami!“ flüsterte sie aufgeregt. „Ich habe einen gefunden, einen Engel, meine ich! Hier, das ist er!“

Argwöhnisch betrachtete Christa den Fremden. Er war weder besonders groß noch beeindruckend, sein spärliches Haar zeigte eine schmuddelige graublonde Farbe, ebenso sein struppiger Bart. Seine Nase war dick und rot, voller geplatzter Äderchen; offenbar war dieser Mann dem Alkohol sehr zugetan. Und dann seine Kleidung! Na ja, die hatte auch schon bessere Tage gesehen ... An vielen Stellen waren größere und kleinere Löcher zu sehen, und insgesamt strömte sie einen penetranten Geruch aus.

Der Mann grinste sie breit an und entblößte dabei eine Reihe schadhafter Zähne. Mit tiefer Stimme sagte er: „Guten Tag, gnä' Frau. Ich bin Engelbert!"

Christa blickte entsetzt von einem zum andern. Wen schleppte Katja denn da nur an? Irgend etwas mußte das Kind mißverstanden haben! Aber das kleine Mädchen strahlte übers ganze Gesicht. „Das ist mein Engel!" erklärte sie vergnügt, nahm den schmutzigen Mann einfach an die Hand und zog ihn hinter sich her ins Haus.

„Katja, du kannst doch nicht einen fremden Mann ins Haus holen!" protestierte Christa schwach. „Wie kommst du nur darauf, daß dieser ... dieser Mensch ein Engel sein könnte?"

„Er hat es mir selbst gesagt!" Katja war nicht zu bremsen. „Er stand an der Ampel und hat mich festgehalten, weil er genau wußte, daß ich bei Rot rübergehen wollte!"

„Das hätte jeder andere Passant auch getan!" wandte Christa ein. „Du kannst doch nicht einen wildfremden Mann ins Haus schleppen, zumal so einen ... einen Pennbruder oder Nichtseßhaften oder wie immer man ihn nennt! Und das nur, weil er dir gesagt hat, daß man nicht über eine rote Ampel gehen darf. Deswegen ist er doch noch lange kein Engel!"

„Aber er hat es doch selbst gesagt, Mami! Weißt du nicht mehr, wie du mir erzählt hast, daß Engel nicht immer besonders schön sein müssen und daß wir gastfreundlich zu einem müden Wanderer sein sollen, weil er vielleicht ein Engel ist? Und als ich Engelbert gefragt habe, ob er ein müder Wanderer ist, da hat er ja gesagt!"

Christa wußte auf Anhieb nicht, wie sie sich jetzt verhalten sollte. Schließlich besaß sie keinerlei Erfahrung mit müden Wanderern oder schmutzigen Engeln.

Aber natürlich wußte Katja Rat. „Mein Engel möchte bestimmt gerne baden und sich ein bißchen ausruhen. Er kommt sicher von ganz weit her. Könnten wir ihm nicht ein paar von Papas Kleidungsstücken geben und später alle zusammen essen? Es ist doch was ganz Besonderes, mit einem Engel Abendbrot zu essen!"

Christa nickte überrumpelt und ging den beiden ins Badezimmer voran. „Aber paß gut auf deinen Engelbert auf!" warnte sie mißtrauisch. „Vorsichtshalber werde ich mal alle Türen abschließen. Nicht, daß er nachher mit unserem Hab und Gut verschwunden ist und wir das Nachsehen haben!"

Verwirrt stand Christa in der Küche, um das Abendessen vorzubereiten. Aus dem Badezimmer hörte sie fröhliches Geplätscher und Engelberts Stimme, der ein paar lustige Lieder vor sich hinträllerte. Wie konnte sie diesen Mann nur schnellstens wieder loswerden?

Tief in ihre Gedanken versunken hörte sie Ulrich nach Hause kommen. Doch bevor sie ihn warnen konnte, hatte er bereits die Badezimmertüre geöffnet, um sich die Hände zu waschen. Einen Moment lang war es mucksmäuschenstill, dann kam er in die Küche gerannt.

„Da sitzt ein fremder Mann in unserer Badewanne!" schrie er entrüstet. „Bist du denn von allen guten Geistern verlassen!"

„Pst, nicht so laut!" Christa legte warnend den Finger auf den Mund. „Das ist Engelbert, Katjas persönlicher Engel!" Leise erklärte sie Ulrich die Vorgänge. Er sah seine Frau verwirrt an, mußte dann plötzlich laut loslachen.

„Das gibt's doch nicht!" rief er endlich. „Katjas persönlicher Engel! Na gut, diesen Spaß soll das Kind haben! Aber nach dem Abendbrot verschwindet er auf Nimmerwiedersehen, dieser Engelbert!"

Alle zusammen saßen sie später am Abendbrottisch. Ulrich blickte wehmütig auf das schöne karierte Hemd und die dunkelblaue Hose aus seinem Schrank, die Katja ihrem Engel geschenkt hatte. Und dann – einfach unglaublich, was für einen Appetit dieser Mann entwickelte!

„Kann ich noch Fleisch bekommen?" fragte der gerade und schluckte schnell den letzten Bissen seiner dritten Portion hinunter. „Also wißt ihr, Jungs, bei meiner Wanderung durch die Rocky Mountains habe ich Dinge gesehen, die so wunderbar waren, daß ihr bestimmt ...!"

Thomas und Marco lauschten hingerissen Engelberts Erzählungen. Entweder hatte dieser Mann eine ungeheure Phantasie, oder er war wirklich weit herumgekommen in der Welt, mußte Ulrich unwillig zugeben. Jedenfalls – erzählen konnte er, ob das alles nun stimmte oder nicht!

Auch Katja hörte mit strahlendem Gesicht zu. Sie bemerkte weder die struppigen Haare noch die schadhaften Zähne. Sie sah nur das Leuchten in Engelberts Augen, lauschte auf seine Stimme – und war glücklich!

Plötzlich hatte sie eine neue Idee. „Willst du nicht heute nacht hier bei uns bleiben, Engelbert?" fragte sie eifrig. „Nicht wahr, Papa? Wir haben doch Platz genug im Haus. Und wann haben wir schon mal einen Engel zu Besuch!"

Ulrich wußte nicht, was er sagen sollte. „Aber das geht doch nicht, Kind! Nein, wirklich nicht! Der Herr Engelbert hat sicher ganz andere Pläne!" stotterte er verwirrt und funkelte Christa wütend an, die sich nach seiner Meinung viel zu sehr im Hintergrund hielt.

Aber Engelbert machte Ulrich einen Strich durch die Rechnung. „Gern!“ rief er fröhlich. „Wenn Sie mich alle so freundlich einladen, kann ich natürlich nicht nein sagen. Ich bin auch mit einem ganz einfachen Lager zufrieden, vielleicht im Schuppen oder sonstwo!“

„Im Keller haben wir einen kleinen Hobbyraum!“ kam Christa ihm zu Hilfe. „Da drin steht doch eine Liege, und ein paar Decken sind auch da. Für eine Nacht sollte das ausreichen!“

„Nun gut!“ Ulrich gab sich geschlagen, konnte er seiner kleinen Tochter doch selten einen Wunsch abschlagen. Wenn alle Familienmitglieder zu diesem Engelbert hielten, hatte er ja wohl kaum eine Chance, sich gegen ihn zu stellen! Also opferte er sogar noch einen seiner Schlafanzüge, damit Engelbert nicht in seiner neuerworbenen Kleidung schlafen mußte!

Mit unguten Gefühlen ging Ulrich an diesem Abend schlafen, nicht ohne vorher noch einmal alle Türen zu kontrollieren. Waren sie auch wirklich verschlossen? Bestand nicht die Gefahr, daß Engelbert plötzlich in der Wohnung stand und sie ausraubte oder ihnen noch Schlimmeres antat?

Mitten in der Nacht wurde Ulrich wach, wußte aber nicht genau, was ihn geweckt hatte. War da nicht eine Tür gegangen?

Vorsichtig schlich er durchs Zimmer, nahm einen hölzernen Kleiderbügel, der an der Schranktür hing, fest in die Hand, um sich notfalls verteidigen zu können.

Plötzlich zuckte er zusammen. Sirenen der Feuerwehr oder eines Polizeiwagens heulten vor dem Haus laut auf, gleichzeitig wurde stürmisch an der Eingangstür geläutet. Christa war nun ebenfalls wach geworden, hielt sich – zu Tode erschrocken – im Hintergrund. Ulrich schlich vorsichtig zur Tür, blickte nach draußen und sah dort zwei Polizisten und mehrere Feuerwehrmänner stehen.

Gott sei Dank! fuhr es ihm durch den Kopf. Bestimmt war Engelbert ein Terrorist oder ein langgesuchter Krimineller, und die Polizei war jetzt gekommen, um ihn zu verhaften! Aber warum gleich zusammen mit der Feuerwehr?

Rasch öffnete er die Tür und wies auf den Keller. „Da unten!" flüsterte er. „Er ist da unten! Vorsichtig, vielleicht ist er bewaffnet!"

Der Polizist reagierte seltsam. „Schnell, alles nach draußen, die gesamte Familie!" rief er und blickte sich im Flur um. Inzwischen waren Christa und auch Thomas und Marco dazugekommen. Nur Katja schlief so fest, daß sie von dem Lärm nichts mitbekam.

Ulrich rannte in ihr Zimmer, nahm das schlaftrunkene kleine Mädchen in seine Arme und trug es rasch nach draußen. Zitternd standen dann alle vor dem Haus und beobachteten angstvoll, wie mehrere Feuerwehrmänner mit Gasmasken in das Haus eindrangen.

Ein paar Minuten später kamen die Feuerwehrmänner zurück – allein, ohne Engelbert! Ihre Gasmasken hatten sie abgenommen.

„Alles in Ordnung!" sagte der Einsatzleiter und schüttelte Ulrich die Hand. „Da haben Sie aber wirklich einen guten Schutzengel gehabt! Wenn Sie nicht rechtzeitig gemerkt hätten, was da in Ihrem Keller los ist, wären Sie in wenigen Minuten mitsamt Ihrem Haus in die Luft geflogen. Ich glaube nicht, daß einer von Ihnen da heil rausgekommen wäre!"

Ulrich begriff nichts. „Wie bitte? Was meinen Sie denn? Ich verstehe nicht!" stotterte er aufgeregt. „Haben Sie denn nicht Engelbert ... ich meine den Terroristen ... oder?" Er wußte nicht mehr, was er sagen sollte.

„Es hat uns doch jemand angerufen und mitgeteilt, daß Ihre Gasleitung im Keller defekt ist und das Haus jeden Moment in die Luft gehen kann!" erklärte der Einsatzleiter nun verwundert. „Haben Sie denn nicht telefoniert ? Also, das verstehe ich wirklich nicht! Die Leitung war notdürftig abgedichtet, zumindest für einige Zeit! Unsere Männer haben die Leitung erst einmal gesperrt, bis das Leck richtig repariert ist!"

Noch immer verwundert schüttelte er den Kopf und ging wieder in den Keller. Ulrich lief ihm nach. „Aber ich begreife das alles nicht! Wo ist Engelbert?"

Er rannte in den Hobbykeller. Der Raum war leer, nichts deutete darauf hin, daß hier ein Mensch übernachtet hatte. Ulrich blickte in alle anderen Räume. Nichts! Engelbert blieb verschwunden!

Schon bald durfte die Familie in ihre Wohnung zurück. Noch lange saßen sie zusammen, sprachen über Engelbert, der ihnen allem Anschein nach das Leben gerettet hatte. Aber warum war er dann so schnell verschwunden?

„Wahrscheinlich hat er den Schaden am Gasrohr bemerkt und ist auf und davon, um nicht mit uns in die Luft zu fliegen!" mutmaßte Ulrich. „Unterwegs hat er dann ein schlechtes Gewissen bekommen und die Feuerwehr verständigt!"

„Oder er war mit seinem Auftrag bei uns fertig und ist woandershin gegangen!" sagte Katja. „So machen Engel das doch, oder? Das ist eben himmelisch!"

Ulrich lächelte über ihre Wortschöpfung. Aber seine Gedanken kehrten immer wieder zu Engelbert zurück.

Schließlich gingen sie alle zurück in ihre Zimmer, um noch ein bißchen zu schlafen. In der Diele sah Ulrich sein kariertes Hemd und seine blaue Hose, die Katja ohne sein

Wissen so freigebig verschenkt hatte, fein säuberlich zusammengefaltet auf einem Stuhl liegen. Und über der Lehne hing der verliehene Schlafanzug.

Nicht mal meine Sachen sind so einem Pennbruder gut genug, dachte er zuerst ärgerlich. Doch dann wurde er nachdenklich. „Seltsam!" murmelte er und strich mit der Hand über seine Sachen. „Aber wie Katja schon sagte, das ist eben himmelisch!"

Ist *das* Liebe?

Ich brauche dich!“ sagte er, und seine blutleeren Lippen in dem grauweißen Gesicht zitterten leicht. „Ich brauche dich so sehr, mein Irmchen, bitte laß mich nicht im Stich!“ In seinen wäßrigen, rotgeränderten Augen stand plötzlich eine abgrundtiefe Verzweiflung.

„Ja!“ murmelte Irmhild und strich ihm behutsam mit einem feuchten Tuch über die Stirn. „Ja natürlich, du brauchst mich!“ Fest preßte sie den Mund zusammen, damit die Worte „wie immer, wenn es dir schlechtgeht!“ unausgesprochen blieben. Sie wollte die Bitterkeit zurückhalten, die sich in diesem Moment unweigerlich auf ihre Lippen drängten.

Ja, dachte sie zornig und fühlte wieder diesen schmerzhaften Druck in ihrem Magen, der sich jetzt fast ins Unerträgliche steigerte. Ja, du brauchst mich! Du brauchst mich immer, wenn es dir dreckig geht. Dann bin ich an der Reihe, bin ich dein liebes Irmchen, das alles für dich tut, das geradebiegt, was du kaputtgemacht hast! Das die Scherben zusammenkehrt, die dein Leichtsinn und deine Bosheit hinterlassen haben. Aber dann, wenn es dir gutgeht, läßt du mich wieder im Stich! Dann habe ich ausgedient und du kannst dich wieder anderen zuwenden und dich amüsieren! So war es immer! Nur wenn ich dich einmal brauchte, dann warst du weit weg, warst nie für mich da! Aber jetzt, jetzt sieht die Sache natürlich anders aus!

Der Kranke tastete nach ihrer Hand. Seine Haut war erschreckend kühl und auch ein bißchen feucht. Einen Moment lang war Irmhild versucht, ihre Hand von ihm wegzuziehen. Doch dann blickte sie in das eingefallene

Gesicht ihres Mannes und umschloß mit beiden Händen seine Finger.

„Ich wünschte, ich hätte alles anders gemacht!" flüsterte Bernd und fuhr mit der Zunge über seine trockenen, aufgesprungenen Lippen. Irmhild nahm das Glas, das auf dem Nachttisch stand, und gab ihm ein wenig zu trinken. Bernd hob den Kopf, schluckte mühsam und legte sich dann müde wieder zurück. In seinen Augen schimmerten plötzlich Tränen, aber er lächelte schwach.

„Danke!" sagte er leise. „Danke, mein Irmchen. Du bist so lieb! Ich habe dich gar nicht verdient!"

Irmhild sah ihn schweigend an. Sicher hast du mich nicht verdient, dachte sie aufsässig. Aber wie oft hast du das in den vergangenen Jahren schon gesagt, natürlich immer dann, wenn es dir schlechtging. Aber nie hast du deine Konsequenzen daraus gezogen, nie hast du dein Verhalten auf Dauer verändert. Schon nach kurzer Zeit war immer wieder alles beim alten. Dann bist du wieder deine eigenen Wege gegangen und hast mich vergessen!

Dennoch – sie lächelte. „Es wird dir bald bessergehen!" munterte sie ihn auf und streichelte seine kraftlose Hand. „Natürlich fühlst du dich jetzt nach der Operation schwach und elend. Aber warte nur ab, schon morgen oder übermorgen sieht alles ganz anders aus!"

Bernd nickte kurz, blickte sie dann aufmerksam an. „Hat der Arzt dir gesagt, was ich ... daß ...!" Er konnte nicht weitersprechen, Tränen blinkten in seinen Augen.

„Ja!" bestätigte Irmhild schnell und tupfte behutsam über seine Augenlider. „Der Arzt hat mir von deiner Krankheit erzählt. Er hat auch gesagt, daß du schon bald nach Hause kannst!"

Und er hat mir gesagt, daß deine Krankheit unheilbar ist,

dachte sie bitter. Er hat mir sogar alles Gute gewünscht, weil für mich sicherlich eine schwere Zeit kommen wird, bei der meine ganze Kraft gefragt ist. Aber woher soll ich diese Kraft jetzt noch nehmen? Du hast sie aufgesogen, mich kaputtgemacht, in all den schlimmen Jahren. Immer habe ich kämpfen müssen, für dich, für die Kinder, habe nie an mich denken dürfen. Trotz all der Widerwärtigkeiten, die du mir immer wieder zugemutet hast, habe ich unsere Ehe erhalten wollen. Und jetzt bin ich am Ende, todmüde!

Sie legte ihren Handrücken an sein Gesicht. „Halte durch! Es wird alles gut!“ flüsterte sie, ohne wirklich daran zu glauben. „Ich werde für dich beten!“

Sicher würde sie für ihn beten, sie hatte es immer getan. Aber ob sich dadurch etwas ändern würde? Auch ihre Gebete waren müde und kraftlos geworden, genau wie sie selbst. Nach all den Jahren der Tränen und Bitten, des verzweifelten Flehens, glaubte sie kaum noch an eine wirkliche Veränderung. Trotz ihres Vertrauens hatte Gott sie nicht erhört, sie vielleicht nicht einmal wahrgenommen. Jedenfalls war Bernd so geblieben, wie er immer gewesen war – stur und starrköpfig, leichtsinnig und vollkommen verantwortungslos! Und jetzt war er todkrank!

„Ich bete auch für dich, Irmchen! Ich bete dafür, daß du mir vergibst, was ich dir angetan habe! Es tut mir alles so unendlich leid!“ hörte Irmhild überrascht ihren Mann sagen.

Na sowas! Hatte er vielleicht doch mitgekriegt, wie schwer er ihr oft das Leben gemacht hat? War er doch nicht ganz so gefühllos, wie sie glaubte? Aber natürlich, jetzt, wo er krank war, sah plötzlich alles ganz anders aus! Jetzt war sie wieder an der Reihe, gefragt als Trösterin, als Krankenschwester. Jetzt wußte er wieder, was er an ihr hatte!

Es war heiß im Zimmer, der Schmerz in ihrem Magen verstärkte sich, verursachte ihr Übelkeit. Schnell erhob sie sich, fuhr sich mit beiden Händen durch die Haare und erklärte leise: „Ich muß unbedingt an die frische Luft. Außerdem hab ich noch ein paar Dinge zu erledigen. Später komme ich noch mal wieder!"

Sie drückte ihm einen flüchtigen Kuß auf die Wange und ging zur Tür. Beim Hinausgehen bemerkte sie den Blick, den er ihr nachsandte. Er war so traurig, daß sie am liebsten zurückgegangen wäre und ihn einfach in die Arme genommen hätte. Aber sie brachte es nicht fertig, jedenfalls jetzt noch nicht. Zu groß war die Enttäuschung und die Bitterkeit, die tief in ihrem Innern saßen und an ihr nagten.

Es war ja auch kein Wunder! Wieviel Böses hatte sie schon mit ihm erlebt! Er war Wege gegangen, die sie nicht gutheißen konnte. Er war mit anderen herumgezogen und hatte sie aus seinem Leben ausgeschlossen. Und wenn er dann zurückkam, müde und am Ende, unzufrieden mit sich selbst und seinem Leben, dann hatte sie ihm in ihrer Großmut – oder war es Dummheit? – immer wieder verziehen.

Ja, sie hatte auf seine Einsicht, sogar auf einen Neuanfang gehofft. Seinen Beteuerungen, daß nun alles anders – natürlich viel besser – würde, hatte sie immer wieder Glauben geschenkt; wenigstens für kurze Zeit – und sich später, wenn es dann doch wieder schiefgegangen war, wütend eine dumme Gans gescholten, die es nicht besser verdient hatte. Nein, sie konnte jetzt nicht bei ihm bleiben und die liebevolle Ehefrau spielen. Sie mußte einfach hier raus!

Irmhild lief kreuz und quer durch den Park des großen Krankenhauses und setzte sich schließlich auf eine Bank an einer abgelegenen Stelle. Ihre Gedanken arbeiteten fieberhaft. Was sollte jetzt nur werden? Hatte sie nicht auch mal ein Anrecht darauf, an sich selbst zu denken? Hatte sie nicht schon genug durchgemacht? War es ihr nicht vergönnt, die letzten Jahre ihres Lebens in Frieden, ohne ständige Angst und Sorge, zu leben? Andererseits – sie konnte doch ihren kranken Mann jetzt nicht im Stich lassen, auch wenn er ihr noch so viel Schlimmes angetan hatte! Ach, es war zum Verzweifeln!

Ein Mann in weißer Kleidung stand plötzlich vor ihrer Bank. Irgendwie kam er ihr bekannt vor, aber sie konnte sich beim besten Willen nicht erinnern, wo sie ihn schon einmal gesehen hatte. Der Mann lächelte sie an und fragte mit tiefer Stimme: „Darf ich mich zu Ihnen setzen?"

„Kennen wir uns?" Verwundert betrachtete Irmhild den Fremden. Er war in einem unbestimmbaren Alter, schien aber eher jung als alt zu sein, hatte mittelblondes, leicht gewelltes Haar, das ihm bis auf die Schultern reichte, und ein sympathisches, ebenmäßiges Gesicht.

Sie zermarterte sich das Gehirn. Woher kannte sie diesen Mann nur? Ganz sicher, irgendwo hatte sie ihn schon gesehen! Aber wo nur? War er vielleicht einer der Pfleger, die ihr auf Bernds Station begegnet waren? Ja, bestimmt, so war es! Wahrscheinlich einer von diesen Alternativen, deshalb auch die langen Haare! Daß die Ärzte so etwas im Krankenhaus überhaupt duldeten! Aber na ja, das war ja nicht ihre Angelegenheit!

Der junge Mann antwortete nicht auf ihre Frage, setzte sich einfach neben sie und wandte ihr sein Gesicht zu. Irmhild blickte in seine Augen. Solche intensiv blauen Augen, dachte sie, habe ich noch nicht gesehen. Sie war verwirrt.

Eigentlich sollte ich jetzt aufstehen und gehen, fuhr sie in ihren Überlegungen fort, ich will mit dem Fremden ja gar nicht reden. Doch irgend etwas an ihm ließ sie mitten in der Bewegung innehalten. Sie blieb sitzen und sah den Mann neben sich erwartungsvoll an.

„Wer sind Sie und was wollen Sie von mir?"

„Ihr Mann ist sehr krank, nicht wahr? Ich möchte Ihnen und Ihrem Mann helfen!" erwiderte der junge Mann mit ernstem Gesicht und sah sie mit einem Blick an, der tief in ihre Seele einzudringen schien.

„Niemand kann ihm helfen, das hat der Arzt mir ganz deutlich gesagt! Die Krankheit ist schon zu weit fortgeschritten, es ist nur eine Frage der Zeit, bis er ...!" Irmhild brach ab, konnte den Satz nicht zu Ende sprechen.

„Eine schwere Krankheit kann auch eine Chance sein, nämlich eine Chance zum wirklichen Leben!" sagte der junge Mann geheimnisvoll und blickte sie an. Irgend etwas Seltsames war an ihm, das sie nicht hätte beschreiben können, das sie aber dazu brachte, ruhig zuzuhören. „Manchmal muß ein Mensch erst Schweres durchmachen, bevor er zur Besinnung kommt. Ihr Mann hat jetzt diese Chance bekommen. Die Zeit seiner Krankheit gibt ihm die Möglichkeit, sich selbst im richtigen Licht zu sehen und sich verändern zu lassen! Und das Gleiche gilt für Sie!"

„Verändern! Bernd und sich verändern!" entfuhr es Irmhild bitter. „Wie oft hat er mir das schon versprochen! Und immer wieder hat er seine Versprechen gebrochen! Nein, ich glaube nicht mehr daran, daß dieser Mann sich jemals ändert!"

„Versuchen Sie es einfach! Geben Sie ihm eine Chance!" redete der Unbekannte ruhig weiter. „Solange Sie beide leben und zusammensein dürfen, haben Sie die Möglichkeit zur Veränderung. Gott wird Ihnen helfen und ...!"

„Gott? Sind Sie etwa der Krankenhausseelsorger?" unterbrach Irmhild ihn mißtrauisch. „Wenn Sie gekommen sind, um mir eine Predigt über die Pflichten und Tugenden einer guten Ehefrau zu halten, dann können Sie gleich wieder gehen! So etwas kenne ich zur Genüge! Anderen etwas erzählen und selbst nicht einmal ...!“ Sie hielt inne, wollte nicht zuviel sagen.

Der junge Mann lächelte wieder, schien keineswegs beleidigt. „Es geht hier nicht um mich!“ sagte er. „Und es geht auch nicht nur um Ihren Mann – genauso geht es um Sie! Denn auch Sie sind krank, da drinnen meine ich!“ Er legte bedeutungsvoll seine rechte Hand auf sein Herz.

„Mag sein!“ fuhr Irmhild zornig auf. „Aber ist das ein Wunder? Wissen Sie, was dieser Mann mir die ganzen Jahre über zugemutet hat? Fast dreißig Jahre sind wir jetzt verheiratet, und der größte Teil bestand aus Kummer und Sorgen. Immer wieder hat er mich im Stich gelassen, hat sich um alles mögliche gekümmert, nur nicht um mich und seine Familie. Alles hat er mir aufgebürdet. Jahrelang hat er getrunken, hat in den Kneipen herumgesessen, hat Spaß mit seinen Saufkumpanen und fremden Weibern gehabt und sich mit Alkohol zugeschüttet. Dann ist er betrunken nach Hause gekommen und hat erwartet, daß ich die liebende und verständnisvolle Ehefrau spiele. Und wenn ich da nicht mitmachen wollte, dann wurde er wütend, hat mich beschimpft und sogar geschlagen. Können Sie sich überhaupt vorstellen, wie das ist?“

„Ja!“ erwiderte der junge Mann mitfühlend.

„Ach, Sie in Ihrem Alter! Was wissen Sie schon!“ Irmhild redete sich regelrecht in Rage. „Sie haben doch keine Ahnung, wie das ist, wenn der Mann den größten Teil des Geldes für sich und seine Vergnügungen ausgibt, wenn er aus eigener Schuld die Arbeit verliert und betrunken zu

Hause herumsitzt. Wenn man selbst schafft und arbeitet, und es doch hinten und vorne nicht reicht! Können Sie sich vorstellen, wie das ist, wenn man sich krampfhaft bemüht, die Familie zusammenzuhalten, und doch zusehen muß, wie es langsam und stetig immer weiter abbröckelt? Unsere Kinder haben sehen müssen, wie ihr Vater torkelnd nach Hause kam und kaum noch auf den Füßen stehen konnte. Sie haben hören müssen, wie er vor Trunkenheit kein vernünftiges Wort mehr herausbekam und nur noch lallte. Und ich habe in ihren Gesichtern diesen Ausdruck gesehen, den ich nie vergessen werde und der mir fast das Herz zerriß. So eine Mischung aus Zorn und Angst, aus Schmerz und Verachtung. Nein, die Kinder haben es nicht verstehen können, niemand hat es verstehen können, am allerwenigsten ich! Denn ich habe doch alles für ihn getan, weil ich ihn liebte – trotz allem!“ Jetzt liefen Tränen über Irmhilds Gesicht.

Der junge Mann nickte. Vorsichtig legte er eine Hand auf ihren Arm. „Aber er hat es schließlich doch eingesehen, nicht wahr?“

Irmhild staunte. Was dieser Fremde alles wußte! Es sah Bernd so gar nicht ähnlich, daß er einem anderen, schon gar nicht einem Pfleger oder Krankenhausseelsorger, Dinge von sich und seinem Leben anvertraute. Die Krankheit mußte ihn schon sehr mitgenommen haben, wenn es dieses Mal so anders war!

„Ja, richtig! Mit dem Trinken hat er aufgehört!“ erwiderte Irmhild und dachte wehmütig an die kurze Zeit ihrer Ehe, in der es ihnen allen richtig gut ging. Sie hatten tatsächlich den so ersehnten Neuanfang gewagt, hatten sich füreinander geöffnet, wieder miteinander gesprochen und festgestellt, daß ihre Liebe noch immer vorhanden war. Aber dann …!

„Ich in meiner unendlichen Dummheit habe ihm tatsächlich vertraut!" erzählte Irmhild dem Fremden und wunderte sich nicht einmal mehr, wieso sie einem Fremden diese Dinge anvertraute. „Damals dachte ich wirklich, wir hätten es geschafft! Eine Zeitlang ging alles wunderbar. Aber dann fing es wieder mit der Heimlichtuerei an, mit Lügen und Ausreden. Anfangs glaubte ich ihm, hatte sogar Mitleid mit dem armen Mann, der so viel und hart arbeiten mußte, der seiner Familie zuliebe Überstunden machte und dafür manchmal die halbe Nacht wegblieb.

Bis ich eines Tages dahinterkam, daß eine andere Frau im Spiel war, daß er seine Nächte nicht in seiner Firma, sondern in einem fremden Bett verbrachte. Dieses Elend ging mehr als ein Jahr so! Ständig wurde ich hingehalten, wurde belogen und betrogen. Immer wieder beteuerte mir Bernd hoch und heilig seine Liebe, machte tränenreiche Versprechungen, die er im nächsten Augenblick schon wieder vergaß.

Einmal traf ich die beiden zusammen, mußte mit ansehen, wie er sie küßte, sie berührte. Es war grauenhaft! Können Sie sich vorstellen, was ich damals gefühlt habe? Nein, das können Sie natürlich nicht, niemand kann das! Es tat so weh, so ungeheuerlich weh, daß ich glaubte, daran zugrunde zu gehen. Aber es kam noch schlimmer!

Als ich Bernd in ihrem Beisein zur Rede stellte, griff dieses Weib mich an, warf mir unaussprechliche Dinge an den Kopf. Sie griff sogar nach mir und schubste mich von meinem Mann weg! Und wissen Sie, was Bernd tat? Nichts, rein gar nichts! Mein lieber Ehemann sah alles, hörte alles – aber er sagte nichts! Er verteidigte mich nicht, beschützte mich nicht, sah mich nicht einmal an. Damals bin ich ein bißchen gestorben, innerlich meine ich! Verstehen Sie das? Schon oft hatte er mich im Stich gelassen, aber das war das

Schlimmste! Ich war total fertig, richtig am Ende, wollte nicht mehr leben. Und dennoch – ich habe weitergemacht, habe ihm sogar verziehen, als er eines Tages reuevoll zu mir zurückgekrochen kam!"

Irmhild hielt inne. Auf ihrem Gesicht spiegelte sich noch immer die schmerzvolle Erinnerung dieser schrecklichen Szene wider. Sekundenlang preßte sie die Lippen fest zusammen, dann sprach sie weiter: „Aber das war noch nicht das Ende. Einige Zeit ging es wirklich gut, dann entfernte sich Bernd wieder langsam von mir, ohne daß ich wußte, warum! Bis … ja bis diese Krankheit kam!"

„Und was fühlen Sie jetzt?" fragte der junge Mann.

Irmhild blickte ihn erstaunt an, horchte in sich hinein. „Ich fühle Angst!" sagte sie unsicher und schwieg nachdenklich. „Ja, tatsächlich, ich habe Angst, große Angst sogar!" wiederholte sie so verwundert, als hätte sie dieses Gefühl gerade jetzt zum ersten Mal in ihrem Leben entdeckt. „Angst um ihn, um diesen unmöglichen Mann, Angst, ihn leiden zu sehen, Angst, ihn zu verlieren. Aber ich fühle auch Angst um mich selbst. Ich fürchte mich vor der Einsamkeit, wenn er nicht mehr …! Ach, ich weiß nicht – vielleicht mag ich ihn noch immer, trotz all der bösen Dinge, die vorgefallen sind!"

Sie horchte ihren eigenen Worten nach. „Oder ist das Liebe?" fragte sie und schüttelte erstaunt den Kopf.

„Ja!" sagte ihr Gesprächspartner sanft. „Das ist Liebe! Eine Liebe, die geduldig und barmherzig ist und Fehler nicht aufrechnet. Eine Liebe, zu der kein Mensch fähig ist, wenn Gott sie nicht in sein Herz legt. Es wird nicht dunkel bleiben über denen, die in Angst sind, hat Gott gesagt. Auch für Sie kann es wieder hell werden. Denn Gott gibt niemanden auf, weder Sie noch Ihren Mann. Und darum müssen Sie nicht mehr zornig auf die Vergangenheit starren, auch nicht auf die beängstigende Zukunft mit einer schweren, vielleicht sogar tödlichen Krankheit. Sie können nach vorne, auf Gott sehen, denn bei ihm haben Sie eine Zukunft, eine ganz besondere Zukunft sogar. Gott will Ihnen Frieden und Heilung schenken!"

Frieden und Heilung! Licht im Dunkeln! Ja, es wäre schön, endlich mal wieder Licht zu sehen, wieder Frieden zu finden! Irmhild war zutiefst betroffen, schlug die Hände vors Gesicht und weinte heftig. Es waren erlösende Tränen, ihr Herz wurde leichter dabei, und der Schmerz in ihrem Magen ließ nach. Als sie endlich wieder den Kopf hob, war der Fremde verschwunden.

Sie blieb noch einige Zeit sitzen, dachte über das Gehörte nach und begann endlich in ihrem Herzen zu beten. Sie flüsterte ihre Ängste und ihren Kummer in die Stille des Parks und wurde dabei immer ruhiger. Eine bisher unbekannte Zuversicht erfüllte sie mit einem Mal.

Es wird nicht dunkel bleiben über denen, die in Angst sind, hatte der fremde Mann gesagt. Die Worte kamen ihr bekannt vor, sie standen in der Bibel. Der Satz hatte ihr nie viel bedeutet, aber anscheinend war etwas dran! Denn mit einem Mal sah alles viel heller, viel freundlicher aus.

Irmhild stand auf. Sie fühlte sich ein bißchen getröstet und wollte nun zu Bernd gehen. Fast beschwingt lief sie durch den Park und dann durch die langen Gänge des Krankenhauses.

Im Vorbeigehen betrachtete sie die bunten Bilder, die dort an den Wänden hingen. Da gab es eins, das ihr besonders auffiel. Es war so gar nicht nach ihrem Geschmack. Viel zu bunt und unrealistisch, fast schon kitschig, zeigte es eine große männliche Gestalt mit überdimensionalen Flügeln und weißer Kleidung, die halb über dem Boden schwebte und schützend die Hände über zwei kleine Kinder hielt, die gerade über eine altersschwache Brücke gingen. Ein ähnliches Bild hatte Irmhild in ihrer Kindheit über dem Bett hängen gehabt, doch irgendwann war es in der Mülltonne gelandet.

Irgend etwas an diesem Bild rührte sie an. Widerwillig blieb sie stehen, betrachtete es genauer. Schon wollte sie sich wieder abwenden, da fiel ihr Blick auf das Gesicht des schwebenden Schutzengels. Mühsam schluckte sie. Sie kniff die Augen fest zusammen, öffnete sie dann ganz weit, um besser sehen zu können – und konnte es nicht fassen.

„Unmöglich!“ murmelte Irmhild und wandte sich zum Gehen. „Irgendwie sind meine Nerven nicht mehr die besten!“

Noch einmal ging sie zurück und blickte in das Gesicht des Engels. Diese Augen … Nein, kein Zweifel, es war das Gesicht des fremden Mannes, mit dem sie eben gesprochen hatte! Und plötzlich wirkte sein Lächeln überirdisch schön, einfach himmlisch – und schien nur ihr zu gelten.

Klassentreffen

Schön, daß wir uns nach so vielen Jahren wiedersehen!" – „Wie geht es dir, altes Haus?" – „Du siehst ja richtig prima aus, hast dich kaum verändert!" – „Du aber auch, bist noch immer ganz der Alte!" – „Also ich meine, wir haben uns trotz allem ganz gut gehalten!"

Die Stimmen schwirrten durch den Raum. Männer und Frauen standen einander gegenüber, nicht mehr ganz jung, aber auch noch nicht alt. Einige kahlköpfig oder auf dem besten Weg dazu, andere mehr oder weniger ergraut und dritte wiederum fast weißhaarig. Viele waren ein bißchen rundlicher geworden. Sie blickten sich etwas verlegen an, fast wie Fremde, obwohl sie einen großen Teil ihrer Kindheit, ihre Schulzeit, miteinander verbracht hatten.

Die meisten der Anwesenden freuten sich sichtlich über das Wiedersehen nach so vielen Jahren. Begeistert schüttelten sie sich die Hände, rätselten ein bißchen herum, errieten dann die jeweilige Person schnell oder etwas zögernd und blickten schon gespannt zum Nächsten, um gleich wieder mit dem Ratespiel von vorn zu beginnen. Es war genau so, wie man es von einem Klassentreffen nach längerer Zeit erwarten konnte.

In einer dunklen Ecke des Gastraumes saß – unbeachtet von den anderen – ein kleiner untersetzter Mann mit lebhaften dunklen Augen und einem spärlichen weißen Haarkranz um den sonst kahlen Kopf. Interessiert beobachtete er die Szenen, schmunzelte manchmal ein bißchen in sich hinein, nahm aber an den Gesprächen nicht teil. Niemand schien so recht zu wissen, wer dieser Mann war, ob er überhaupt dazugehörte oder sich nur als ein zufälliger Gast in diese Runde verirrt hatte.

Der Fremde betrachtete seine früheren Klassenkameraden, überlegte – genau wie die anderen – wer wohl der große Dunkelblonde war und wie die wohlproportionierte Frau mit den rotgefärbten Haaren hieß. Interessiert beobachtete er, wie seine Klassenkameraden bei dem einen längere Zeit benötigten, um sich zu erinnern, während bei einem anderen ihre Augen schon nach Sekunden freudig aufleuchteten.

„Mensch, du bist doch der ... ja, richtig, der Erich! Erich Beckmann, nicht wahr? Junge, du hast dich aber verändert! Warst doch immer so ein Kleiner, Magerer! Und jetzt dieser Wohlstandsbauch! Na ja, wir haben uns sicher alle ein bißchen verändert! Aber steht dir gut, muß ich schon sagen!"

„Kurt? Bist du wirklich der Kurt Färber? Klar, jetzt sehe ich's auch! Wir haben doch jahrelang in einer Bank gesessen, erinnerst du dich? Und du hast immer von mir abgeschrieben, das waren noch Zeiten!"

Kurt wandte sich seinem früheren Schulkameraden zu. „Also, Richard, ich glaube, das war umgekehrt! Du hast eher von mir abgeschrieben, nicht wahr? Warst nicht besonders helle damals, aber was soll's! Hauptsache, du hast es geschafft; siehst gut aus, alter Junge! Was machst du denn so?"

Eine Frau mit kurzgeschnittenen, graumelierten Haaren kam hinzu. „Du bist doch bestimmt ... ach, warte mal ...! Nein, sag's nicht, gleich hab ich's! Ja, richtig, Johannes! Johannes Dreher, der hinter mir saß und immer an meinen Zöpfen gezogen hat, stimmt's? Was hab ich mich damals darüber geärgert! Aber siehst du, heute ist da nichts mehr zum Ziehen! Wie geht es dir denn so?"

Johannes lachte aus vollem Hals, sein mächtiger Bauch hob und senkte sich dabei, worüber er nur noch mehr lachte. „Prima geht es mir, Leni! Kann man doch bestimmt sehen, oder? Weißt du, ich habe vor ein paar Jahren ein Geschäft aufgemacht, das ganz gut floriert. Natürlich erinnere ich mich an deine Zöpfe. Hat mir immer einen Heidenspaß gemacht, wenn du wie ein kleines Ferkelchen zu quieken anfingst. Aber nichts für ungut, Leni, heute bin ich selbst schon Großvater und passe auf, daß meine Enkelkinder sich nicht zu sehr zanken."

So ging es weiter. Jeder der Anwesenden wurde ausgiebig begrüßt und befragt, Stimmen schwirrten durch den Raum, Erinnerungen standen auf, nahmen Gestalt an. Dann wurde es allmählich stiller, die erste Wiedersehensfreude war verebbt. Die Blicke schweiften suchend durch den Raum. Plötzlich bemerkten sie, daß die Anzahl der Anwesenden keineswegs mit der früheren Klassengröße übereinstimmte.

„Der Karl Engel ist ja gar nicht da!" sagte eine Frau zögernd. „Ja, und die Lisa, ihr wißt schon, die Elisabeth Rieker fehlt auch!" bemerkte ein zweiter. „Überhaupt – wir waren doch viel mehr damals! Waren wir nicht eine sehr große Klasse, so mit dreißig oder vierzig Schülern?"

Erst jetzt fiel den meisten auf, daß sie nur noch eine kleine Schar waren. Ein bißchen wehmütig begannen sie aufzuzählen, wer alles fehlte.

„Also die Gisela Klein, wißt ihr, die kleine zierliche mit den dunklen Haaren, lebt schon lange nicht mehr. Die Familie wurde damals ausgebombt, ganz am Ende des Krieges, alle mußten dran glauben! War eine richtige Schande, so ein schönes Mädchen!" wußte einer.

Und ein anderer fügte hinzu: „Von dem Albert Kaiser habe ich in der Zeitung gelesen! Herzinfarkt, glaube ich, mit nicht einmal fünfzig Jahren! Tragisch, wirklich tragisch, sage ich! War doch immer so ein lustiger Vogel, der nichts und niemanden ernst nahm! Und dann das! Aber was soll man machen!"

„Die Gudrun, unsere Klassenbeste, ist ganz jung an Krebs gestorben!" erzählte Leni. „Hat drei kleine Kinder hinterlassen. Was hat sie schon davon gehabt, daß sie immer so ehrgeizig war und die Beste in der Klasse sein wollte!"

Die ausgelassene Stimmung schwand ein bißchen, Nachdenklichkeit kehrte ein. Diesen Umschwung nutzte der einsame Mann in der hinteren Ecke der Gaststätte. Er stand langsam von seinem Platz auf und kam näher. Abwartend blieb er stehen, sah sich in der Runde um.

„Bist du ... sind Sie auch ... kennen wir uns ...?" Die Fragen kamen zögernd, niemand aus der Runde schien diesen Mann zu kennen.

Der Fremde lächelte aufmunternd und nickte. Ruhig sagte er: „Guten Tag, Klaus! Schön, dich wiederzusehen! Und du, Ernst, siehst richtig gut aus, hast dich kaum verändert. Aber den Bernd hätte ich fast nicht wiedererkannt, mußte doch tatsächlich lange überlegen!"

Alle dachten angestrengt nach, Namen schwirrten durch den Raum. Doch bei jeder Vermutung schüttelte der Angesprochene nur den Kopf. „Ich war nicht lange bei euch!" erklärte er endlich. „Jedenfalls nicht bis zum Schluß! Ich mußte früher weg, leider!"

Betretene Stille. Einigen dämmerte plötzlich, wen sie da vor sich hatten, wagten aber nicht, den Namen des Mannes auszusprechen. Endlich ergriff Kurt, der schon immer mit dem Mund vorneweg war, das Wort.

„Bist du nicht der Ju ... Ich meine, bist du nicht der Daniel? Daniel Großmann?"

Wie peinlich! Die fröhliche Stimmung war plötzlich wie weggeblasen. Einige sahen nachdenklich vor sich hin, wußten nicht, wie sie reagieren, was sie sagen sollten.

Ein Lächeln huschte über Daniels Gesicht. „Ja, erkennt ihr mich jetzt? Ich bin es wirklich, der Jude Daniel Groß-mann! Ich war nur ein paar Jahre in eurer Klasse, mußte dann plötzlich verschwinden, heimlich natürlich. Ihr wißt ja, warum!"

Einen Augenblick war es sehr still. Dann begann das Begrüßen erneut, doch jetzt war die Stimmung nicht mehr so unbeschwert wie vorher.

„Hallo, Daniel, schön, dich wiederzusehen!" rief Erich gespielt munter und schüttelte dem viel kleineren Mann kräftig die Hand. Und Karl meinte mitfühlend: „Wo bist du denn damals nur so plötzlich abgeblieben, Daniel? Also, was man mit euch Juden gemacht hat, das war schon allerhand. Aber wir hatten natürlich alle keine Ahnung!" Und Johannes fügte schnell hinzu: „Sonst hätten wir bestimmt was unternommen, um dir zu helfen!"

„Na klar", bestätigte Kurt jovial. „Niemand von uns wußte, was man mit euch vorhatte. Allerdings ... wenn wir es gewußt hätten ...", er zuckte die Schultern und sah sich beifallheischend in der Runde um. „Was hätten wir schon tun können? Nichts, absolut nichts! Wir waren doch alle nur die Opfer!"

Schmerzlich erinnerte sich Daniel, daß dieser Kurt es gewesen war, der ihm damals den Zettel mit der Inschrift „Juda verrecke" auf den Rücken geklebt hatte, und daß er von Erich auf dem Heimweg häufig Prügel einstecken mußte, ohne daß einer der anderen auch nur einen Finger krumm gemacht hatte.

Bärbel, die frühere BDM-Führerin, die Daniel einmal vor

der ganzen Klasse als Parasit und bösartige Laus bezeichnet hatte, mischte sich nun ein. „Gott sei Dank, daß du alles gesund überstanden hast, Daniel!“ flötete sie lächelnd. „Ich habe sowieso nie verstanden, was man gegen euch hatte. Ihr seid doch schließlich auch Menschen, genau wie alle anderen! Aber vergessen wir doch die Vergangenheit! Was soll das ganze Gerede heute noch, nach so vielen Jahren! Wir sind doch alle gute Deutsche, nicht wahr?“

„Ich nicht!“ antwortete Daniel gelassen. „Schon lange nicht mehr! Damals, als ich es sein wollte, hat man es nicht zugelassen! Und heute lebe ich in Israel und bin mit Freuden ein Israeli!“

Wieder herrschte bedrückendes Schweigen im Raum. Auf einigen Gesichtern machte sich verlegene oder auch abwehrende Röte bemerkbar. War Daniel zurückgekommen, um seine ehemaligen Klassenkameraden anzuklagen, sie zu beschuldigen? Wollte er nach all den Jahren, Rache nehmen, erneuten Unfrieden stiften? Eigentlich hat man ja immer geahnt, daß die Juden ständig solche Absichten verfolgten, um ...!

„Erzähl doch mal, wie bist du damals überhaupt rausgekommen?“ unterbrach Werner endlich die unangenehme Stille. „War doch sicher gar nicht so einfach!“

Daniel blickte traurig auf seine Mitschüler. „Ja, das stimmt, zu dieser Zeit war es sogar fast unmöglich! Aber Gott hat mir auf eine wunderbare Weise geholfen! Es geschah so, wie es in seinem Wort geschrieben steht: ‚Er hat seinen Engeln befohlen, daß sie dich behüten auf allen deinen Wegen‘. So hat Gott es versprochen, und er hat sein Wort gehalten!“

„Welcher Gott?“ fragte Kurt provozierend.

„Dein Gott und mein Gott! Der Schöpfer aller Menschen

und aller Dinge, der sich Israel als sein heiliges Volk auserwählte und deshalb niemals zulassen wird, daß es von unverständigen Menschen ausgerottet werden kann!" erklärte Daniel in ruhiger Überzeugung.

„Und dessen Sohn die Juden ans Kreuz schlagen ließen!" ergänzte Kurt noch immer aufgebracht.

„Sind wir schon wieder bei dieser Unfrieden stiftenden Beschuldigung angelangt?" gab Daniel sanft zurück. „Nein, Kurt, weder du noch ich haben damals das ‚Kreuzige ihn, kreuzige ihn' geschrien. Aber jeder, der heute – nach der furchtbaren Vernichtungsgeschichte – mit diesen Argumenten erneut Unfrieden stiftet, schreit es lauter denn je! Schreit es mit einem tausendfachen Echo in eine Welt hinein, die immer bereit ist, neues Unrecht zu begehen. Willst du das, Kurt?"

Kurt blickte Daniel nicht an, grinste nur verlegen und antwortete nicht.

Da fuhr Daniel fort: „Ich habe erlebt, wie Gott mich aus höchster Not gerettet hat. Er hat mich mit Leuten zusammengebracht, die es sich zur Aufgabe gemacht hatten, anderen zu helfen, und das oft unter großer Lebensgefahr. Diese Helfer, darunter auch Deutsche, hielten uns einige Zeit versteckt und schmuggelten uns dann später aus Deutschland heraus. Sonst hätte ich wohl auch nicht überlebt!"

„Auch nicht?" fragte Anna mit großen, erschrockenen Augen. „Heißt das ...?" Sie konnte nicht weitersprechen.

„Ja!" bestätigte Daniel leise. „Genau das heißt es! Meine Eltern und Großeltern, meine kleine Schwester, mein älterer Bruder und alle meine Verwandten hat man abgeholt. Sie alle sind tot, wurden in den Lagern vernichtet! Mein jüngerer Bruder und ich, wir sind die einzigen Überlebenden aus unserer Familie!"

Betroffene Gesichter, Augen, die sich verlegen abwandten, fest zusammengepreßte Lippen waren die Folge seiner Worte. Die Stimmung war endgültig dahin.

„Aber warum hast du denn nie etwas gesagt, hast dich nicht einmal von uns verabschiedet? Vielleicht hätten wir doch ...!" begann Leni zögernd.

„Ja!" eilte Bernd ihr zur Hilfe. „Wir hätten bestimmt etwas für euch tun können!"

„Aber nein!" erwiderte Daniel und sah ihm fest in die Augen. „Das war doch viel zu gefährlich. Es gab so viele Verräter damals. Man wußte doch gar nicht mehr, wem man überhaupt noch trauen durfte! Die meisten von euch hätten bestimmt nicht den Mund gehalten und mich ans Messer geliefert!"

Entrüstete Gesichter, Protestgemurmel.

„Aber Daniel, wie kannst du sowas von uns denken!" – „Nein, bestimmt nicht, wir doch nicht!" – „Wir waren doch auf deiner Seite, hätten dich niemals verraten!" – „Wenn du nur ein Wörtchen gesagt hättest, wir hätten dich auch versteckt!"

Daniel blickte von einem zum andern, erinnerte sich mit einem Mal wieder an heimliche Schläge und Fußtritte, an Verachtung, verletzende Worte und böse Blicke. Sollte er sich so geirrt haben?

„Ich doch!" sagte Robert auf einmal laut in die belastende Stille hinein. „Ich hätte es bestimmt getan, ich hätte dich verraten!"

Alle erstarrten, schauten entsetzt auf Robert, der aufgestanden war und Daniel offen ins Gesicht sah.

„Wir waren doch alle blind damals, blind und dumm und voller Haß. Der Haß hatte uns so sehr die Augen verschlossen, daß wir die Wahrheit gar nicht mehr mitbekamen. All die dummen Parolen von den sogenannten Volksschädlingen, die unsere Rasse und unser Land kaputt machen wollten, haben wir geglaubt. Weil wir es glauben wollten und weil es so einfach war, einen Sündenbock für die eigenen Fehler zu haben. Wir waren damals noch jung, aber auch wir tragen Mitschuld, denn wir haben es uns einfach gemacht und gedankenlos nachgeplappert, was andere uns vormachten!"

Sekundenlang herrschte Schweigen, dann brach ein Sturm der Entrüstung los. „Wie kannst du so etwas sagen, wir doch nicht!" – „Wir sind doch keine Verräter!" – „Niemals hätte ich den Mund aufgetan, wir waren doch alle auf deiner Seite, Daniel!"

Robert sah seine Schulfreunde an und hob die Hand. „Laßt uns doch ehrlich miteinander sein!" bat er unbeirrt. „Die meisten von uns hätten Daniel verraten – und ich an allererster Stelle. Aber heute, heute würde ich es nicht mehr tun! Inzwischen habe ich dazugelernt. Ich weiß jetzt, was es bedeutet, einen anderen als meinen Bruder anzunehmen, auch wenn er ganz anders ist als ich. Heute weiß ich, daß die Juden tatsächlich Gottes auserwähltes Volk sind und es immer waren. Gott geht einen besonderen Weg mit seinem Volk. Auch wenn die damaligen, sich selbst zur Herrenrasse ernannten Menschen diesen Gedanken nicht ertragen konnten."

Er wandte sich an Daniel: „Ich bitte dich um Vergebung, für alles, was wir dir angetan haben, und auch für das, was wir nicht getan haben! Wir können die Zeit leider nicht zurückdrehen, die Toten nicht wieder lebendig machen. Aber wir können für die Zukunft aus unseren Fehlern lernen, können unseren Kindern und Kindeskindern bessere Gedanken, mehr Toleranz und Loyalität mit auf den Weg geben! Und wir können ihnen Gottes Weg mit seinem Volk Israel klarmachen!"

„Aber was haben wir denn Schlimmes getan!" murrte einer ärgerlich. Und ein anderer knurrte vor sich hin: „Wir haben doch alle nur nachgeplappert, was die anderen uns vorsagten!"

„Und genau da beginnt die Gefahr!" mahnte Robert.

Er streckte Daniel seine Hand hin. Daniel zögerte nur kurz, ging dann auf Robert zu und umarmte ihn. Leise sagte er: „Danke, Robert, ich danke dir! Damals als Kinder konnten wir uns nicht besonders gut leiden, weißt du noch? Aber heute möchte ich dich meinen Bruder nennen. Wenn viele so denken würden wie du, dann gäbe es wieder Hoffnung!"

Einige der Anwesenden räusperten sich verlegen. Andere wandten ihre Blicke ab, zuckten hilflos oder unangenehm berührt die Schultern.

„Ob sie wirklich aus ihren Fehlern gelernt haben?" fragte sich Daniel, als sie später auseinandergegangen waren. Er dachte an die Erfahrungen, die er in den wenigen Tagen seines Aufenthaltes in einem Land machen durfte, in dem es Wohlstand und Frieden gab, und das dennoch so arm und voller Unruhe war. Sollte er noch einmal den Versuch wagen, in diesem Land zu leben, das einmal seine Heimat gewesen war?

Die Rivalin

Zornig riß Astrid die Blumen aus der Vase und warf sie in hohem Bogen in den nächsten Abfalleimer. Was bildete sich dieses junge Ding wohl ein, nach allem, was sie ihr angetan hatte, auch noch Blumen auf das Grab ihres Mannes zu stellen? Eine Unverschämtheit war das, fand Astrid.

Der steinerne Engel auf dem gegenüberliegenden Grab sah regungslos ihrem Treiben zu. Astrid betrachtete ihn mißmutig. Der Engel aus hellem Marmor hatte seine Hände wie ein schützendes Dach ausgestreckt, und darunter saß – gut behütet – ein hilfloses kleines Kind. Neben der Figur war eine Tafel angebracht, auf der stand: „Ich sende einen Engel vor dir her, um dich auf dem Wege zu bewahren!"

Astrid lachte bitter auf und wandte sich ab. Offenbar hatte der Engel bei ihr versagt. Niemand hatte sie auf ihrem Weg bewahrt, hilflos war sie ihrem Schicksal ausgeliefert!

Sie brauchte einige Zeit, um sich von ihren wütenden Gedanken zu erholen. Liebevoll stellte sie dann ihre mitgebrachten Blumen in die Vase, ordnete sie sorgfältig, prüfte mit dem Finger, ob auch genügend Wasser vorhanden war. Dann hob sie ein paar vertrocknete Blätter auf, zupfte hier und da ein Grashälmchen oder eine winzige Unkrautpflanze aus dem feuchten Boden hervor und harkte vorsichtig die dunkle Erde. Mit einem weichen Lappen rieb sie den dunklen Marmorstein ab, bis kein Stäubchen mehr zu sehen war, polierte die goldenen Buchstaben, bis sie glänzten. Nun gab es nichts mehr zu tun!

Hilflos, mit hängenden Schultern stand sie vor dem blumengeschmückten Grab, dachte an ihren Mann, der dort im Dunkeln unter der Erde lag. Eigentlich müßte sie jetzt beten, aber sie konnte es nicht, hatte es in den letzten schweren Wochen verlernt. Die Leere in ihrem Herzen war einfach zu groß.

„Warum?" ging es ihr wieder einmal durch den Kopf, wie schon so oft in den vergangenen Wochen. „Warum mußte so etwas passieren? Womit habe ich das verdient?"

Es kam keine Antwort – und eigentlich erwartete sie das auch gar nicht. Gott schwieg zu ihrem Leid. Er hatte sich von ihr zurückgezogen und ließ ihre Klagen ungehört verhallen! Wie anders sollte sie die Leere in ihrem Innern sonst verstehen? Trauer, Zorn und das ohnmächtige Gefühl des Nichtbegreifenkönnens hatten einen Eisblock um ihr früher so fröhliches Herz gelegt und sie zu einem abweisenden, mißmutigen Menschen gemacht, den die eigene Bitterkeit aufzufressen drohte.

Sie schüttelte unwillig den Kopf, als wolle sie die Gedanken verscheuchen. „Rainer!" flüsterte sie in die einsame Stille. „Rainer, warum hast du mir das angetan? Ich dachte, wir zwei würden für immer zusammengehören! Wir haben uns doch geliebt! Oder habe ich mir das all die Jahre hindurch nur eingebildet? Warum Rainer, warum?"

Tränen stiegen in ihr hoch, die sie mühsam unterdrückte. Nein, sie wollte nicht mehr weinen, hatte schon viel zuviel geweint. Als vor ein paar Wochen die Nachricht von Rainers Tod kam, der auf dem Heimweg von seiner jungen Geliebten mit dem Auto verunglückt war, und sie so unvorbereitet mit dieser furchtbaren Situation konfrontiert wurde, hatten sich anfangs Tränenströme aus ihren Augen ergossen. Über seinen Tod wäre sie ja noch hinweggekommen, wenn auch mit großen Schmerzen. Aber dieser Betrug, dieser Verrat an ihrer Liebe – nein, den würde sie niemals überwinden! Dazu fehlte ihr einfach die Kraft und auch der Wille!

Jetzt konnte sie nicht mehr weinen, ihre Tränen schienen für immer versiegt. Und ihre früher so strahlendblauen Augen wirkten nun fahlgrau und stumpf, fast wie verwaschen. Denn als sie langsam begriff, was Rainer ihr angetan hatte, daß er vielleicht nie der Mann gewesen war, für den sie ihn gehalten hatte, wurde die Kälte in ihrem Innern immer größer, bis sie schließlich seine Tat als unverzeihlich empfand, selbst über den Tod hinaus. Sie wurde hart und bitter – und sie wollte es so!

Mühsam riß Astrid sich von dem Anblick des Grabsteines los, auf dem noch immer vertraut und doch auch schon so seltsam fremd der Name ihres Mannes zu lesen war. „Rainer Burghaus" stand dort, eingemeißelt in den dunklen harten Stein, kühl und unnahbar, dem Regen trotzend und in der hellen Sonne verführerisch glänzend. Rainer Burghaus – nur ein Name für zufällig vorübergehende Friedhofsbesucher. Aber für die, denen er einmal etwas bedeutet hatte, die ihn geliebt hatten, wuchsen die wenigen Buchstaben zu dem Bild eines lebendigen Mannes heran, einer Persönlichkeit mit Vorzügen und Schwächen, vielleicht ein wenig eigenbrötlerisch und nicht ganz einfach. Aber dennoch – unvergessen!

Oder irrte sie sich auch in diesem Punkt? Wurden die Besuche der nächsten Verwandten nicht immer seltener? Läutete das Telefon nicht schon viel weniger als früher? Und bemerkte sie nicht manchmal diesen ungeduldigen, fast gelangweilten Ausdruck in den Gesichtern der Freunde und Bekannten, wenn sie wieder von ‚ihrem Rainer' zu erzählen begann, von ihrer großen, einmaligen Liebe? Stand in ihren Augen nicht stumm, aber unverkennbar die Frage nach dem unwürdigen Ende dieser angeblich so glücklichen Ehe?

„Ich bin vollkommen allein!" dachte Astrid verzweifelt.

„Eine betrogene, einsame Frau!" Sie holte ein Taschentuch hervor, weil jetzt doch ein paar Tränen in ihre Augen drängten, und wischte sie unwillig weg. „Es ist keiner da, der mich liebt! Nicht ein einziger! Niemand kümmert sich um mich, alle haben mit sich selbst genug zu tun!"

Noch einmal blickte sie zu dem steinernen Engel mit seinem starren Lächeln. „Warum hast du versagt? Wie soll ich denn mit allem allein fertigwerden?" fragte sie ihn vorwurfsvoll. Aber der antwortete natürlich nicht.

„Oh Gott, hilf mir doch!" Wie oft schon hatte sie in diesen schrecklichen Wochen solch einen Hilferuf zum Himmel geschickt und doch keine Antwort bekommen! Sie wußte selbst nicht mehr, ob es der ehrliche Schrei ihrer verletzten Seele war, die nach echter Hilfe verlangte und bereit war, sich zu öffnen und trösten zu lassen, oder nur die leere Floskel einer verbitterten Trauernden, die in ihrer Resignation gar nicht mehr damit rechnete, daß ihr tatsächlich geholfen werden könnte.

Manchmal fühlte sie eine ungeheure Sehnsucht, die Leere in ihrem Innern auszufüllen, jemandem zu begegnen, der ihr geduldig zuhörte und vielleicht durch ein paar teilnahmsvolle Worte ihren Kummer ein ganz klein wenig milderte. Und auch nach dem tiefen Frieden, den sie früher einmal gekannt hatte und der ihr seit Rainers Tod abhanden gekommen war. Dann aber wieder verwandelten Zorn und Bitterkeit ihren stillen Wunsch in brennenden Haß. Und schon zermarterten glühende Rachegedanken wieder ihr Hirn, gruben tiefe, häßliche Spuren in ihr Herz.

Mit einem Mal hatte es leicht zu regnen begonnen, aber Astrid merkte es kaum. Erst als die Regentropfen sich mit den Tränen auf ihren Wangen vermischten, hob sie das Gesicht, fühlte angenehm die Kühle des frischen Wassers auf ihrer

Haut. Sekundenlang blieb sie so stehen, den Blick zum Himmel erhoben, an dem sich graue Wolken zusammenzogen.

„Ich sollte besser nach Hause gehen!" dachte sie mutlos und blickte skeptisch auf ihre leichte Kleidung. Mit Regen hatte sie an diesem schönen Frühlingstag nun wirklich nicht gerechnet!

Mit gesenktem Kopf ging Astrid über die leeren Friedhofswege dem Ausgang zu. Der Regen wurde stärker, aber sie beschleunigte ihren Schritt keineswegs. Was spielte es schon für eine Rolle, ob sie durchnäßt wurde oder ihre Frisur sich auflöste? Wer fragte schon danach, wie sie aussah oder sich fühlte? Es war doch niemand mehr da, der sich für sie interessierte, der auch nur einen Blick für sie übrig hatte!

So tief war sie in ihrem Selbstmitleid versunken, daß sie die junge Frau nicht bemerkte, die mit einem großen bunten Regenschirm wartend am Eingang des Friedhofes stand.

„Frau Burghaus?" fragte das junge Mädchen mit leiser Stimme. „Darf ich Sie einen Moment sprechen?"

Astrid hob kaum den Blick, zuckte dann aber heftig zusammen, als sie erkannte, wer sie da ansprach. Es war die junge Frau, deren Foto sie vor kurzem in Rainers Brieftasche gefunden hatte. Sie hatte das Bild wie eine gefährliche Bombe in den Händen gehalten, es hin und her gedreht, fassungslos auf das hübsche junge Gesicht gestarrt, es wutentbrannt mit ihren Nägeln zerkratzt und schließlich in viele kleine Schnipsel zerrissen. Aber ihr Haß war dadurch keineswegs gestillt. Und jetzt stand diese Person hier!

Hochmütig warf sie den Kopf in den Nacken, straffte die Schultern und ging mit steifen Schritten an dem Mädchen vorbei, ohne ihm auch nur einen Blick zu gönnen.

„Bitte, Frau Burghaus!" Die junge Frau eilte ihr nach. „Bitte, warten Sie doch, ich möchte mit Ihnen reden!"

Da war etwas in der Stimme, etwas so Flehentliches, daß Astrid unwillkürlich stehenblieb. Aber sie brachte es nicht fertig, sich zu ihrer Rivalin herumzudrehen, ihr ins Gesicht zu blicken. Sie wandte ihr weiter den Rücken zu, murmelte mit zusammengebissenen Zähnen über die Schulter hinweg: „Lassen Sie mich in Ruhe! Wir haben uns nichts zu sagen! Und im übrigen – Ihre Blumen können Sie sich sparen, die habe ich natürlich in den Mülleimer geworfen – wie immer!“

Sie ging weiter, scheinbar stolz und unnahbar. Da hörte sie hinter sich ein seltsames Geräusch, wie Lachen. Ob sich dieses junge Ding jetzt auch noch über sie lustig machen wollte? Empört fuhr sie herum, machte einen drohenden Schritt auf das Mädchen zu und bemerkte verwirrt – da war kein Lachen, nicht einmal die Andeutung eines Lächelns im Gesicht ihrer Rivalin. Im Gegenteil! Die Lippen der jungen Frau preßten sich wie in tiefster Verzweiflung zu einem schmalen Strich zusammen, sie wurde von heftigem Schluchzen geschüttelt.

„Ich ... das alles ... es tut mir so leid ...! Bitte, Frau Burghaus, ich wußte doch nicht ... ich wollte nicht ... wirklich ... es tut mir so leid!“

„So? Es tut Ihnen also leid?“ Voller Verachtung zog sie die Augenbrauen in die Höhe. „Ist es nicht ein bißchen spät für Ihre Reue, oder wollen Sie mit diesen Worten nur Ihr schlechtes Gewissen beruhigen?“

Jetzt zitterte ihre Stimme, doch sie nahm alle Kraft zusammen und sprach laut und hart weiter, damit die Frau nicht merkte, wie unsicher sie selbst war: „Sie ... Sie haben mir den Mann weggenommen! Wenn Sie nicht gewesen wären, dann wäre Rainer noch bei mir, würde bestimmt noch leben! Aber ausgerechnet so ein junges, unreifes Ding wie Sie muß sich einen Mann seines Alters aussuchen! Und dann auch noch einen Verheirateten! Pfui, Sie sollten sich schämen! Ganz davon zu schweigen, was Sie mir damit angetan haben! Und jetzt kommen Sie daher und sagen einfach so lapidar, es tue Ihnen leid, jetzt, wo Rainer tot ist! Nein, meine Liebe, ich verabscheue Sie! Lassen Sie mich in Ruhe! Sie haben mir doch alles genommen, was ich hatte! Was wollen Sie denn noch?"

Sie konnte nicht weitersprechen, drehte sich auf dem Absatz herum und rannte davon. Aber die junge Frau ließ sich nicht so leicht abschütteln, lief einfach neben ihr her. „Frau Burghaus, warten Sie doch!" flehte sie. „Ich verstehe Sie ja! Und ich will auch gar nichts von Ihnen. Ich will Ihnen nur sagen, daß ich ... daß Rainer und ich ...!"

„Es interessiert mich nicht!" Astrids Herz pochte wie rasend, und auf ihrem Gesicht machten sich rote Flecken breit. Sie ging weiter, ohne sich noch einmal nach dem Mädchen umzusehen.

„Ich bekomme ein Kind! Hören Sie? Ein Kind von Rainer!" Die Stimme hinter ihr hallte laut und trotzig über den leeren Friedhof.

Wie erstarrt blieb Astrid stehen, mit einem Mal war alle Farbe aus ihrem Gesicht gewichen.

„Ein Kind?" rief sie entrüstet aus. „Sie ... ausgerechnet Sie bekommen ein Kind? Und das von meinem ...?" Sie konnte es nicht aussprechen, es war zu ungeheuerlich! Ein Kind von Rainer, von ihrem Ehemann! Das Kind, auf das sie beide so viele Jahre vergeblich gehofft hatten! Und das sollte nun von dieser dahergelaufenen Person geboren werden? Nein, das konnte doch nicht wahr sein!

„Sie wagen es, mir so etwas ins Gesicht zu sagen?" Ihre Stimme klang atemlos vor Zorn. „Mir? Ausgerechnet mir?"

Drohend ging sie auf die junge Frau zu, die regungslos dastand und sie nur mit großen Augen ansah. „Haben Sie überhaupt eine Ahnung, was ich durchgemacht habe, seit Rainer tot ist und ich von seiner Untreue erfahren habe? Ich hatte doch keine Ahnung, daß Rainer ein Verhältnis mit so einer …! Unsere Ehe war doch immer in Ordnung, wir haben uns geliebt! Das dachte ich jedenfalls! Und dann so etwas! Nein, nein!"

Voller Verachtung spie sie dem Mädchen ihre Worte ins Gesicht. „Warum? Warum haben Sie das getan? Warum haben Sie sich nicht einen jungen Mann ausgesucht, der zu Ihnen paßte, den Sie hätten heiraten können. Warum mußten Sie ausgerechnet einen haben, der schon verheiratet war?"

Das Mädchen wurde rot vor Verlegenheit. „Ich … das habe ich doch nicht gewollt, es ist einfach passiert. Rainer und ich, wir haben uns jeden Tag im Büro gesehen, und er hat mir geholfen, wenn ich etwas nicht verstand. Er gefiel mir einfach! Ja, und dann sind wir uns eben nähergekommen. Aber ich habe ihn wirklich geliebt, und er mich auch!" erzählte sie stockend. „An Sie habe ich dabei gar nicht gedacht, hab einfach das bißchen Glück genossen. Außerdem habe ich angenommen, daß Sie und Rainer nicht mehr …! Ich meine, nach so einer langen Ehe, da ist es doch mit der Liebe wohl längst vorbei, oder? Jedenfalls hat Rainer immer gesagt, daß Sie nichts vermissen. Sie waren so mit anderen Dingen beschäftigt, daß Sie ihn nicht mehr brauchten. Aber ich … ich habe ihn gebraucht, seine Liebe und Fürsorge haben mir so gut getan. Er war für mich wie ein Vater, den ich nie hatte, wie ein Beschützer und Freund gleichzeitig. Ich hatte doch sonst niemanden! Er hat mir immer Mut gemacht und mir geholfen und …!"

„Ach, wie ein Vater? Und deshalb erwarten Sie nun ein Kind von ihm?“

Verwirrt sah die junge Frau sie an, ihr Gesicht war jetzt sehr blaß. „Nun ja, es war so … ich … ich weiß auch nicht so recht.“ Plötzlich trat ein trotziger Ausdruck in ihre Augen. „Ich habe mich eben in Rainer verliebt und mir einfach das genommen, was mir angeboten wurde. Das macht doch jeder so!“

Zögernd ging sie weiter, blieb wieder stehen und rief heftig aus: „Außerdem – wenn es Sie beruhigt – ich kann das Kind sowieso nicht bekommen! Ich und ein Kind, ausgeschlossen! Ich muß arbeiten, bin noch nicht einmal mit meiner Ausbildung fertig! Wie soll das denn gehen? Ich habe doch noch gar nichts von meinem Leben gehabt! Eine Abtreibung – ja, eine Abtreibung wird die beste Lösung sein! Für uns alle!“

Astrid fühlte, wie sich etwas in ihrem Innern schmerzhaft zusammenzog. Dieser ihrer ärgsten Feindin, die ihr Glück zerstört und ihr den Mann gestohlen hatte, wurde zur Belohnung für ihre hervorragende Tat auch noch das geschenkt, was sie und Rainer sich am allermeisten auf dieser Welt gewünscht und nie bekommen hatten! Diese Frau erwartete ein Kind, das sie nicht einmal wollte, während sie selbst jahrelang vergeblich gehofft und gebetet hatte! Was für ein himmelschreiendes Unrecht! Wie konnte Gott so etwas nur zulassen?

Vielleicht, so überlegte Astrid weiter, war der Beginn ihres Unglücks sogar in ihrer Kinderlosigkeit begründet gewesen! Womöglich wäre Rainer niemals auf den Gedanken gekommen, sich eine junge Freundin zuzulegen, wenn ihnen beiden der so heißersehnte Nachwuchs geschenkt worden wäre! Und nun wollte diese verantwortungslose

Person das Kind umbringen, das Rainers und auch ihr Kind hätte sein können!

„Nein!“ Sie schrie es laut und unbeherrscht heraus. „Nein, nein! Das können Sie nicht machen! Es ist doch ein Kind, ein richtiger kleiner Mensch! Das Kind meines …! Nein, nein!“

Sie hatte sich nicht mehr unter Kontrolle, begann heftig zu weinen. „Warum kommen Sie damit ausgerechnet zu mir?“ schluchzte sie verzweifelt. „Was erwarten Sie denn? Soll ich Ihnen für Ihr tolles Kunststück auch noch Beifall spenden? Oder wollen Sie Geld von mir? Soll ich für diesen Mord auch noch bezahlen? Oder macht es Ihnen ganz einfach Spaß, mich zu quälen?“

„Nein, bestimmt nicht! Ich weiß auch nicht … Ich dachte nur, daß Sie vielleicht …! Ach, Sie haben ja recht, es tut mir leid!“ Die junge Frau drehte sich herum und lief davon.

„Nun warten Sie doch! Spielen Sie doch nicht gleich die Beleidigte!“ Astrid sah ihr nach, brachte es plötzlich nicht fertig, sie so ohne weiteres gehen zu lassen. „Vielleicht könnte man einmal …! Es müßte doch einen Weg geben, daß Sie und das Baby …!“

Blitzte da nicht ein Hoffnungsfunke in den Augen ihrer jungen Rivalin auf? Konnte sie das Mädchen vielleicht doch noch davon überzeugen, daß eine Abtreibung keinesfalls die beste Lösung war? Doch schon stiegen wieder Zweifel in Astrid auf. Warum redete sie überhaupt mit dieser Frau? Warum ging sie nicht einfach ihrer Wege? Das alles war doch nicht ihre Angelegenheit!

„Wie heißen Sie überhaupt?“ fuhr Astrid das Mädchen unvermittelt an und musterte sie abschätzend von Kopf bis Fuß. Nicht schlecht, mußte sie widerwillig zugeben. Aber klar, Rainer hatte immer einen guten Geschmack gehabt! Er mochte es, wenn eine Frau …! Ach Rainer – wie hast du nur so unverantwortlich handeln können!

„Ich bin Sandra, Sandra Trautmann." Die Antwort kam leise. „Bitte, Sie können gerne Sandra zu mir sagen!"

„Nein danke, Frau Trautmann!" gab Astrid widerwillig zurück. „Ich habe nicht vor, mit Ihnen Freundschaft zu schließen! Es geht hier auch nicht um Sie, sondern lediglich um das Kind! Schließlich ist es ja … es ist …!"

Rainers Kind, hatte sie sagen wollen. Aber sie brachte die Worte nicht über die Lippen, es schmerzte zu sehr. Rainers Kind hätte eigentlich immer auch ihr Kind sein sollen! Aber nun war es so ganz anders gekommen! Wie erniedrigend war der Gedanke, daß eine fremde Frau das Kind ihres toten Mannes in sich trug, während sie …! Aber trotz allem, trotz dieser grotesken Situation konnte sie doch nicht einfach zulassen, daß dieses Kind ermordet wurde!

„Ich muß darüber nachdenken!" ihre Worte klangen barsch. Sie wollte nicht, daß ihr Gegenüber merkte, wie ihr zumute war. „Vielleicht gibt es tatsächlich eine Lösung! Rufen Sie mich an, Frau Trautmann, morgen oder besser übermorgen! Unsere Telefonnummer dürfte Ihnen ja zur Genüge bekannt sein!"

Der Seitenhieb saß, stellte sie zufrieden fest. Die junge Frau errötete und stammelte verlegen: „Ja, wenn Sie meinen! Ich rufe Sie an, bestimmt!"

Ohne ein weiteres Wort ging Astrid davon. Als sie bereits ein paar Schritte entfernt war, drehte sie sich noch einmal um. „Und Rainer?" fragte sie mühsam beherrscht. „Was hat Rainer dazu gesagt, daß Sie ein Kind bekommen?"

„Er hat es nie erfahren!" Sandra wirkte unendlich traurig und verloren, wie sie dort mit ihrem großen bunten Schirm stand. „Als es passierte, ich meine, als er mit dem Auto verunglückte, da wußte ich es selbst noch nicht! Erst später hat mir der Arzt gesagt, daß ich schwanger bin!“

Das reichte! Länger konnte Astrid es nicht ertragen! Wie gehetzt, ohne sich noch einmal umzusehen, rannte sie davon. Zu Hause angekommen brach sie in Tränen aus, weinte, wie sie schon seit Wochen nicht mehr geweint hatte. Aber sie fühlte erstaunt, daß dieses Mal ihre Tränen fast so etwas wie Linderung brachten.

Später stellte sie sich vor den Spiegel, betrachtete aufmerksam ihr Bild. Ihre graugewordenen Haare klebten noch immer regennaß am Kopf, die rotgeweinten Augen waren farblos, als sei jedes Leben daraus entwichen. Nun ja, die Jüngste war sie nicht mehr gerade, aber sehen lassen konnte sie sich noch immer! Ja, früher, da wäre das anders gewesen, da hätte sie es ihrer Rivalin schon gezeigt! Sie hätte um Rainer gekämpft, alles getan, um ihn zurückzugewinnen.

Sie begann nachzudenken. Hatte sie selbst nicht genug Einsatz gezeigt für den Erhalt ihrer Liebe, für Offenheit, Verstehen und gegenseitigen Respekt? Ohne viel nachzudenken hatte sie einfach angenommen, daß sie und Rainer zusammen alt würden, daß jeder die Veränderung des anderen automatisch positiv bewerten und schweigend akzeptieren würde. Es wurde nicht mehr viel geredet zwischen ihnen, man nahm einfach an, den anderen zu kennen und genau zu wissen, was er brauchte.

Was mochte sich in Rainer wohl abgespielt haben? War es allein seine Schuld gewesen, daß er sich eine junge Geliebte genommen hatte, statt in Treue zu ihr zu stehen? Oder trug sie Mitschuld an seinem Ausbruch? Vielleicht hatte sie seine Bedürfnisse übersehen, in ihrem Streben nach Sicherheit und Bequemlichkeit einfach nicht zur Kenntnis nehmen wollen, wie er sich veränderte und langsam von ihr wegrückte?

Fragen über Fragen. Bilder ihres Ehelebens, deren Bedeutung ihr bisher nicht klar gewesen waren, stiegen vor Astrids Augen auf. Das Schweigen der letzten Jahre, das sie einfach als Verstehen ohne Worte durch langjährige Beziehung abgetan hatte. Die Sehnsucht nach zärtlicher Zuwendung, die von einem der beiden Partner oft genug unterdrückt werden mußte, weil gerade so viel zu tun war oder etwas Wichtigeres auf dem Plan stand. Das alles hatte möglicherweise dazu beigetragen, ihre Beziehung mehr und mehr abkühlen zu lassen.

Letztendlich war ihr Leben in so festen Bahnen von täglichen Pflichten und kurzzeitigen Vergnügungen verlaufen, daß kaum noch Platz für besondere Gefühle und ernsthafte Gespräche gewesen war. Ja, hatte sie nicht manchmal selbst das Gefühl gehabt, auf einem toten Gleis abgestellt zu sein, ohne noch einmal die Möglichkeit zur Veränderung zu bekommen?

War es ihrem Mann ähnlich ergangen? Hatte sie vielleicht Rainers Notsignale übersehen und deshalb dazu beigetragen, daß er in den Armen einer wesentlich jüngeren und begeisterungsfähigeren Frau landete, die mehr auf ihn einging und ihm das Gefühl des wirklichen Lebens vermittelte?

Zum ersten Mal seit Rainers Tod dachte sie nicht mehr in unstillbarem Zorn an seinen Betrug, sondern daran, an welch kritischen Punkten sie und Rainer begonnen hatten, einander zu verlieren. Da gab es viele Bilder, die aufstanden, lebendig wurden und in ihr dumpfes Schweigen hinein laut zu sprechen begannen. Und langsam, ganz langsam löste sich ihre Verbitterung, begann der Eispanzer um ihr Herz zu schmelzen.

Sie begann zu begreifen, daß Liebe nicht das Kissen war, auf dem man sich ausruhen und ein bequemes Leben führen konnte, sondern eher das zarte Pflänzchen, das gehegt und gepflegt werden mußte, um nicht zu vertrocknen. Sie dachte nach, ohne sich länger zu bemitleiden oder sich weiterhin etwas vorzumachen.

Und endlich gelang es ihr, Rainer zu vergeben. Ihr Herz wurde frei. Wieder ging sie zu Rainers Grab, hielt stumme Zwiesprache mit dem früher so geliebten Mann.

Sie blickte auf das starre Gesicht des steinernen Engels, das plötzlich mit Leben gefüllt zu sein schien. So als würde er zu ihr sprechen, würde sie beauftragen, Rainers Kind zu behüten.

Unsicher blieb sie stehen und horchte, schüttelte zweifelnd den Kopf und murmelte vor sich hin: „Aber das kann ich doch gar nicht!“

Dann stand sie wieder still, horchte erneut und wurde mit einem Mal ganz ruhig, ganz zuversichtlich. Plötzlich wußte sie, was sie zu tun hatte!

Beunruhigt wartete Astrid auf Sandras Anruf. Aber die meldete sich einfach nicht, auch wenn Astrid noch so oft den Telefonhörer in die Hand nahm, um nachzuprüfen, ob vielleicht eine Störung den Anschluß lahmgelegt hatte. Warum rief das Mädchen nicht an? Ob sie vielleicht schon …? Oder war das in der Situation doch die beste Lösung?

Astrid war ratlos. Was wollte sie eigentlich? Wollte sie diese Abtreibung nun verhindern oder nicht? Schließlich trug sie doch keine Verantwortung für das, was diese Frau getan hatte! Trotzdem blieb diese unerklärliche Unruhe in ihr.

Erst nach mehr als einer Woche überwand Astrid ihren Stolz, ließ sich von der Telefonauskunft die Nummer heraussuchen und rief Sandra an. Eine verschnupfte Stimme meldete sich am Telefon. Als Astrid ihren Namen sagte herrschte einen Moment lang verlegenes Schweigen. „Ach, Frau Burghaus, Sie!“ kam es dann gedehnt. „Ich weiß, eigentlich sollte ich ...!“

„Na endlich, Sandra!“ Astrid merkte nicht einmal, daß sie ihre Feindin nun doch mit dem Vornamen anredete. „Sie wollten mich doch anrufen, ich habe darauf gewartet. Wie geht es dem Kind ... ich meine, wie geht es Ihnen beiden, ist alles in Ordnung?“

Am anderen Ende der Leitung herrschte wieder Schweigen. Dann hört Astrid ein schnüffelndes Geräusch.

„Sandra, hören Sie mich?“ rief sie aufgeregt. „Ist etwas passiert? Haben Sie das Kind etwa schon ...?“

„Nein, ich konnte es nicht!“ Sandras Stimme klang leise, richtig dünn. „Aber jetzt weiß ich nicht mehr weiter. Was soll ich denn nur tun? Mir geht es nicht gut! Sie wissen ja, ich kann das Kind nicht behalten. Ich muß arbeiten und habe sonst niemanden, der mir hilft. Aber ich kann es doch nicht einfach umbringen lassen!“

Wieder hörte Astrid ihr Weinen. Plötzlich war all der Haß, die ganze Bitterkeit gegen dieses junge Mädchen verschwunden. Sie empfand nur noch Mitgefühl, tiefes Mitgefühl.

„Hören Sie zu, Sandra!“ sagte Astrid eindringlich. „Es gibt bestimmt eine Lösung! Vielleicht kann eine Tagesmutter auf das Kind aufpassen, während Sie arbeiten. Wenn ich mir das so recht überlege, ich habe Zeit, viel zuviel Zeit manchmal. Vielleicht könnte ich ... zumindest stundenweise...? Wir sollten darüber reden.“

„Sie?“ Sandra schien vollkommen überrascht. „Würden Sie das wirklich für mich tun? Nach allem, was war?“

„Nicht für Sie, für das Kind!“ schränkte Astrid schnell ein, weil sie plötzlich Angst bekam, sich zu weit vorgewagt zu haben. „Vielleicht können wir uns mal treffen und darüber reden. Irgendwo draußen in einem Café, auf neutralem Boden!“

„Ja, gerne!“ Das Mädchen war sofort einverstanden. „Aber warum tun Sie das, wo ich Ihnen doch so viel Leid zugefügt habe?“

„Ich weiß es selber nicht genau“, erwiderte Astrid ehrlich. „Aber mir ist klar geworden, daß ein Kind ein Geschenk Gottes ist. Und wenn Gott ein Kind – wenn auch unter so unglücklichen Umständen – entstehen läßt, so hat er ganz bestimmt etwas Besonderes damit vor. Und das dürfen wir nicht zerstören.“

„Nun ja, ich weiß nicht, Geschenk und Gott und so!“ erwiderte Sandra zögernd. „Aber ich freue mich trotzdem. Irgendwie habe ich mein Kind schon richtig lieb. Und ich möchte, daß es lebt. Wenn Sie mir wirklich helfen wollen, dann …“

„Ja!“ sagte Astrid leise, fast unhörbar. „Ja, ich will es!“

Werde ich die Kraft haben, Rainers Kind anzusehen und zu vergessen, wie weh mir seine Untreue getan hat, fragte sie sich später zweifelnd. Mute ich mir da nicht zuviel zu? Aber ihre Augen, in die nun langsam Glanz und Lebensmut zurückkehrten, sprachen eine Sprache für sich.

Natürlich, sie würde auch in Zukunft viel Kraft brauchen, um das, was auf sie zukam, durchzustehen. Aber sie wußte jetzt auch, woher sie ihre Kraft nehmen würde.

„Ich sende einen Engel vor dir her, um dich auf dem Wege zu bewahren!“ zitierte sie leise die Worte auf der Friedhofstafel. Gott hatte sie offenbar doch nicht vergessen. Und – ehrlich gesagt – sie war auch schon ein kleines bißchen gespannt darauf, wie dieser Weg aussehen würde.

Liebe macht sehend

Jens saß auf dem Drehstuhl in seiner Werkstatt, schnitzte lustlos an einem Holzstück herum und sah dann wieder mißmutig vor sich hin. Wieder lag so ein einsamer Abend vor ihm, an dem er gelangweilt zu Hause herumsitzen würde, weil er nichts mit sich anzufangen wußte! Wie sehnte er sich nach einem Menschen, der ihn verstand, ihn vielleicht sogar ein bißchen liebhatte – trotz seines Aussehens!

Er legte das Holzstück zur Seite, aus dem er gerade eine kleine Figur schnitzte, stand auf und ging zu dem Spiegel hinüber, der über dem Waschbecken in der Ecke neben der Werkbank hing. Prüfend blickte er hinein, betrachtete sein zerstörtes Gesicht, das sein Leben auf so furchtbare Weise verändert hatte. Und das alles nur, weil irgendein Krimineller – aus welchen Gründen auch immer – sein Mütchen kühlen mußte.

Jens hatte an jenem Abend einen Freund besucht, der in einem Wohnheim für Ausländer lebte. Und dann hatte es plötzlich dieses schreckliche Feuer gegeben. Brandstiftung mit ausländerfeindlichem Hintergrund, vermutete man anschließend. Unglaublich, wozu diese Verbrecher in ihrem Haß auf Fremde fähig waren! Was die Bewohner durchmachen mußten, war entsetzlich gewesen!

Dabei hatte Jens noch Glück gehabt, jedenfalls behaupteten das viele! Immerhin war er mit dem Leben davongekommen. Richtig, er war am Leben geblieben – aber was für ein Leben! Sein Gesicht war eine riesige Brandwunde gewesen, seine Haare verschmort und auch andere Teile seines Körpers mit Wunden übersät.

Man hatte zwar mit aufwendigen Operationen versucht, die schlimmsten Schäden zu beseitigen, aber zu den Brandnarben war noch hinzugekommen, daß ein Teil der Gesichtsnerven stark geschädigt war. Dadurch wurden seine Züge in einer geradezu grotesken Weise verzerrt!

Zerstört, alles war zerstört worden: sein Aussehen, sein Leben, seine Zukunft! Vielleicht wäre es wirklich besser gewesen, wenn er damals in dem Feuer umgekommen wäre – genauso wie die andern!

Ach ja, ich will ja nicht undankbar sein, dachte Jens wieder mal mit schlechtem Gewissen. Zwei seiner Freunde waren bei dem bösartigen Anschlag ums Leben gekommen, während er selbst von einem mutigen Mitbewohner unter größter Lebensgefahr gerettet worden war! Die meisten Bewohner des verbrannten Hauses hatten alles verloren, standen vor dem Nichts; ein Teil von ihnen war verzweifelt und enttäuscht in ihr Heimatland zurückgekehrt.

Natürlich hatte man den Täter bis heute nicht gefaßt. Er lief noch immer frei herum und freute sich seines Lebens, konnte vielleicht sogar noch einmal das gleiche tun!

Auch wenn diese Geschehnisse jetzt schon einige Jahre zurücklagen, hatte Jens sie noch immer nicht verarbeitet. Vergessen würde er sie sowieso nie! Das Leben danach war wirklich kein Zuckerschlecken gewesen. Zuerst die furchtbaren Schmerzen, dann die vielen Operationen und endlosen Nachbehandlungen!

Ja, damals hatten seine Freunde und viele Bekannte noch zu ihm gehalten, hatten ihn häufig besucht, ihm Mut gemacht und sogar ihre Hilfe angeboten. Aber so nach und nach war die Freundschaft immer mehr abgebröckelt. Und schließlich waren die meisten von ihnen ganz weggeblieben.

Als Jens später zwar gesund, dafür aber für immer entstellt

zu ihnen zurückkehren wollte, hatte man ihn erst mitleidig belächelt und ihm dann schließlich die kalte Schulter gezeigt. Oder jedenfalls kam ihm das so vor. Bei gemeinsamen Unternehmungen wollte ihn keiner mehr dabeihaben. Und er hatte es auch satt, immer angestarrt zu werden wie ein seltenes Tier im Zoo. Enttäuscht hatte Jens sich mehr und mehr zurückgezogen, war immer einsamer geworden. Selbst mit seiner Familie hatte er inzwischen kaum noch Kontakt. Sie verstanden ihn ja doch nicht! Keiner verstand ihn!

„Alle haben mich vergessen! Selbst Gott kennt mich nicht mehr!“ seufzte er auch jetzt wieder voller Selbstmitleid. „Warum? Warum mußte mir das passieren, ausgerechnet mir? Was habe ich denn Schlimmes getan, daß Gott mich so bestraft? Ich bin doch auch nicht schlechter als all die anderen, oder?“

Jetzt war er wieder an dem Punkt angekommen, wo er irgendwann immer endete. Genau hier begannen seine Gedanken sich im Kreise zu drehen, und er fand schließlich nicht mehr heraus. Fragen über Fragen türmten sich in ihm auf, die aber alle ohne Antworten blieben! Warum ich? Warum bin ich so einsam? Warum ist niemand da, der zu mir hält? Warum ...?

Wieder mußte er an das Lied denken, das er sich in letzter Zeit allabendlich vorspielte. Er hatte irgendwo eine uralte Schallplatte aufgetrieben, und ein Lied darauf hatte ihn auf Anhieb angesprochen. Jedes einzelne Wort des etwas schwülstigen Textes kannte er auswendig, hätte das Lied selbst singen können, wenn ihm nur nach Singen zumute wäre!

Von einem jungen Soldaten war da die Rede, der ganz allein irgendwo draußen in der riesigen Weite einer friedlosen Welt seine einsame Wache hielt und sich dabei total verlassen vorkam. Bestimmt fühlte er sich ebenso allein und ungeliebt wie Jens! Mit wehmütiger Stimme klagt dieser Soldat dann Gott im Himmel seine Sehnsucht nach Liebe.

Eigentlich kitschig das Ganze! Dennoch konnte Jens jedes einzelne Wort nachempfinden: „Hast du droben vergessen auch mich, es sehnt doch mein Herz nach Liebe sich. Du hast im Himmel viel Englein bei dir, schick einen davon auch zu mir!"

Die Worte des jungen Soldaten hatten Jens so beeindruckt, daß sie inzwischen zu seinen eigenen geworden waren. Immer wieder formulierte sich in seinem Innern die stumme Frage an Gott: „Hast du da droben vergessen auch mich ...?" Und dann die sehnsüchtige Bitte: „... schick doch einen Engel zu mir!"

Quatsch, dummes Zeug! dachte Jens jetzt ärgerlich über sich selbst. Das ist doch nichts als weinerliches Getue und hat nichts, aber auch gar nichts mit der Realität zu tun!

Er schüttelte den Kopf. Was sollte nur aus ihm werden? Wie gut, daß er wenigstens diesen Job in der Schreinerwerkstatt bekommen hatte, wenn er auch nicht so gut bezahlt wurde! Aber für seine frühere Arbeit im Kaufhaus war er nach dem Unglück nicht mehr tragbar gewesen. War ja auch kein Wunder mit diesem Gesicht, da waren nur „schöne" Menschen gefragt! Außerdem war er durch die vielen Operationen so lange Zeit ausgefallen, daß man ihn später nicht mehr brauchen konnte.

Zu seinem großen Glück hatte er eines Tages seinen jetzigen Chef kennengelernt, der ein guter und verständnisvoller Mann war. Dieser hatte ihm die Möglichkeit geboten, eine Schreinerausbildung nachzuholen und dann in der Anonymität seiner Werkstatt seine Arbeit zu tun.

Und da es Jens schon immer viel Spaß gemacht hatte, mit Holz umzugehen, hatte er sofort zugegriffen.

Holz war für ihn kein bloßes Material! Im Gegenteil! In seinen Händen war es lebendig und warm, ließ sich zu wunderbaren Dingen verarbeiten. In seiner Freizeit schnitzte Jens manchmal kleine Figuren, Tiere oder Kinderspielzeug, Krippenfiguren und Holzengel.

Aber wenn dann jemand seine Geschicklichkeit lobte und ihn ermunterte, diese Begabung doch besser zu nutzen, schüttelte er nur unwillig den Kopf und brummte mißmutig: „Wozu? Wer will schon was von mir haben?" Dennoch fühlte er sich in der Werkstatt wohl, sie war ein Teil seines Lebens geworden.

Mit einem Mal ging die Türe auf, und eine kleine, rundlich wirkende Frau schreckte Jens aus seinen trüben Gedanken auf.

„Na, junger Mann, immer noch nicht Feierabend?" fragte die kleine Person mit den gesunden roten Bäckchen und dem schwarzgraumelierten Haar resolut. „Jetzt wird's aber höchste Zeit, daß Sie nach Hause gehen!"

„Ach, Sie wollen sicher hier saubermachen?" fragte Jens überrascht und wunderte sich über das unbekannte Gesicht. Frau Wagner, die sonst meistens die Werkstatt aufräumte und putzte, kam immer viel später am Abend. Bestimmt war sie mal wieder krank oder hatte Urlaub genommen.

Die Frau antwortete jedoch nicht auf seine Frage, betrachtete ihn aufmerksam mit einem zarten Lächeln um die Lippen. Dann meinte sie wie nebenbei: „Übrigens, ich bin Angela!"

„Ich mache Ihnen sofort Platz!" versicherte Jens schnell und versuchte auch ein kleines Lächeln. Dabei stellte er sich vor, wie furchtbar seine sowieso schon verzerrten Züge dadurch erst wirken mußten. Bestimmt würde Angela sich gleich voller Ekel abwenden!

Aber der Frau schien sein Aussehen überhaupt nichts auszumachen. Freimütig blickte sie ihn an, lächelte zurück und fragte mitfühlend: „Fühlst du dich nicht einsam, wenn du abends so allein hier herumsitzt? Du solltest dich nicht so in der Arbeit vergraben. Das ist nicht gut für dich! Du bist noch so jung, und du brauchst Menschen um dich, wie alle anderen auch! Du solltest mit jungen Leuten zusammenkommen, damit du wieder mitbekommst, wie schön und lebenswert das Leben ist. Und damit du wieder lernst, zu lieben und dich lieben zu lassen! Denn Liebe hat nichts mit deinem Aussehen zu tun!"

Im ersten Moment war Jens über Angelas Worte schockiert. Nur selten sprach ihn jemand so direkt und dabei doch nicht verletzend auf sein entstelltes Gesicht an. Viele Menschen mieden nach dem ersten Erschrecken den Anblick seines Gesichtes. Er bemerkte deutlich, wie sie verlegen ihre Augen abwandten und wie unabsichtlich in eine andere Richtung blickten. Andere wieder, wohl die ganz Neugierigen, sprachen ihn ohne jede Überlegung an, hätten am liebsten jede Einzelheit des Anschlages erfahren.

Mit diesen Zeitgenossen konnte er sich noch am ehesten abfinden. Aber am allerschlimmsten waren für Jens die Spötter, die ihn schadenfroh auf sein Aussehen ansprachen und sich auch noch lustig über ihn machten, ja ihn nicht einmal als richtigen Menschen ansahen.

Einmal hatte Jens ein Kind zu seiner Mutter sagen hören: „Das ist bestimmt ein Außerirdischer! Die sehen manchmal so aus, sind aber meistens ganz harmlos!" Die Mutter hatte nur verschämt gelächelt und nach einem flüchtigen Blick auf sein zerstörtes Gesicht schnell an ihm vorbeigesehen.

Jetzt – bei Angelas offenen, aber liebevollen Worten – fühlte Jens, wie seine durch die Brandnarben sowieso schon rote Gesichtshaut noch roter wurde. Am liebsten wäre er in ein Mauseloch gekrochen oder einfach davongelaufen! Aber seltsam! Angela hatte etwas an sich, das ihn zwang, sich diesen Worten zu stellen!

Er sah der kleinen Frau, die freundlich und mit großer Wärme auf ihn blickte, direkt ins Gesicht und hörte sich selbst sagen: „Ja, Sie haben vollkommen recht! Ich fühle mich sehr einsam! Aber gerade deshalb bleibe ich ja immer so lange hier in der Werkstatt, weil zu Hause niemand ist und mir die Decke auf den Kopf fällt!"

Verwundert über seine ungewohnte Offenheit fügte er verschämt hinzu: „Ich sehne mich so sehr nach jemand, der mich ein kleines bißchen gern hat. Aber wer will schon mit einem so entstellten Menschen wie mir zu tun haben?"

Angelas rundliches Gesicht war ganz ernst geworden, nur ihre Augen strahlten weiterhin eine frohe Zuversicht aus.

„Ja, leider!" seufzte sie. „Die meisten Menschen sind furchtbar dumm und urteilen nur nach dem Äußeren, statt aufs Herz zu schauen. Aber das sind sowieso nicht die richtigen Freunde für dich! Und – Gott sei es gedankt – es gibt auch noch Menschen, die dich mit den Augen der Liebe sehen, für die dein Herz das Wichtigste ist. Glaub mir, wenn ein Mensch die Liebe in sein Herz läßt, dann werden blinde Augen sehend!"

„Mag sein!" antwortete Jens verwundert. Es war schon erstaunlich, was für Gedanken sich diese einfache Frau machte! „Mag sein, daß es tatsächlich irgendwo solche Menschen gibt. Aber wie finde ich die?"

„Du solltest wieder mehr unter Menschen gehen. Ich kann dir zum Beispiel das kleine Lokal dort um die Ecke empfehlen. Du weißt schon, das italienische Restaurant mit den leckeren Nudelgerichten, wo die Tische immer so nett gedeckt sind. Geh doch einfach mal dorthin und genieße ein schönes Abendessen. Und vielleicht", sie zwinkerte ihm zu, „vielleicht triffst du dort sogar einen Menschen, der dich braucht und dem du etwas geben kannst … Wer weiß?"

Ungeduldig unterbrach Jens sie: „Wem sollte ich schon etwas geben können?" Und dann, als täten ihm seine Wort schon wieder leid, meinte er beschwichtigend: „Sicher ist das gut von Ihnen gemeint, aber Freundschaften sind für mich kein Thema mehr! Also, ich gehe jetzt! Schönen Abend noch!"

Er ging zur Tür, drehte sich noch einmal um und sah Angela traurig an. „Trotzdem – danke für Ihre lieben Worte!"

Als Jens dann abends in seine winzigkleine, und dennoch so leer wirkende Wohnung kam, in den Kühlschrank schaute, um nachzuprüfen, was er noch zu essen im Haus hatte, durchfuhr ihn plötzlich der Gedanke: „Warum eigentlich nicht?"

Ja, warum eigentlich nicht? Irgendwann mußte er einfach den Mut aufbringen, mit Menschen zusammenzutreffen, die ihn zuerst entsetzt anstarrten und sich dann von ihm abwandten. Er mußte sich endlich daran gewöhnen, mußte damit fertigwerden, daß er zwar anders aussah als die meisten anderen, im Grunde genommen aber doch einer von ihnen war! Nämlich ein Mensch mit den gleichen Gefühlen, den gleichen Sehnsüchten, den gleichen Träumen und Ängsten!

Also gut, er war bereit! Langsam, noch ein bißchen zögernd, legte er die kurze Strecke bis zu dem kleinen Lokal zurück, von dem Angela gesprochen hatte. Diese Angela – es war schon merkwürdig, daß sie ihn so durchschaut hatte. Sie schien ja genau zu wissen, wie ihm zumute war. Ob man ihm das ansah? Oder ob Frau Wagner ihr alles über ihn erzählt hatte? Wahrscheinlich half Angela auch in diesem Lokal aus und machte deshalb ein bißchen Reklame!

Das kleine Restaurant war gut besucht. Fast alle Tische waren besetzt, an den meisten saßen wenigstens zwei oder drei Gäste. Nur ganz hinten in der Ecke waren noch zwei kleinere Tische frei. Aber seit dem Brandanschlag war es für Jens unmöglich, sich so weit entfernt von der Eingangstür eines Raumes aufzuhalten. Er mußte immer eine Fluchttür in Reichweite haben, sonst geriet er in Panik.

Jens wußte zwar, daß die unbewältigte Angst in seinem Unterbewußtsein diese Reaktion in ihm hervorrief, aber er konnte sich nicht dagegen wehren! Zu groß war noch immer das tödliche Entsetzen, das ihn damals in dem brennenden Haus erfaßt hatte, als er merkte, daß er den Ausgang nicht mehr aus eigener Kraft erreichen konnte. Diese und andere Spuren waren noch allzu deutlich in ihm.

Gerade wollte Jens wieder hinausgehen, da kam die Kellnerin auf ihn zu und machte ihn freundlich darauf aufmerksam, daß am Tisch neben dem Eingang nur eine einzelne Person saß. „Wenn Sie möchten, frage ich gerne nach, ob Sie sich dazusetzen können!“ bot sie ihm hilfsbereit an. Eigentlich wollte Jens ablehnen, aber dann nickte er zustimmend. Später hätte er selbst nicht mehr erklären können, warum.

„Bitte, kommen Sie, die Dame ist einverstanden!“ sagte die Kellnerin kurz darauf und wies auf den Tisch, an dem eine junge, hübsche Frau saß.

Gehemmt und mit klopfendem Herzen ging Jens auf sie

zu. Gleich wird sie aufspringen und mit entsetztem Gesicht davonlaufen! überlegte Jens angstvoll. Oder sie wird so tun, als hätte sie etwas Dringendes vergessen und müßte sofort nach Hause! Aber nichts dergleichen geschah!

Das Mädchen saß ruhig an seinem Platz und sah still vor sich hin. Nichts in ihrem Gesicht verriet Abscheu oder Ekel oder irgendeine andere Regung. Erst als Jens sich mit einer knappen Verbeugung und hochrotem Kopf vorstellte, hob sie den Kopf, lächelte ihn mit einem warmen Lächeln an und murmelte leise ihren Namen: „Berrit, ich bin Berrit Hahne!"

Aber Jens hatte sehr wohl registriert, daß ihr Blick dabei an seinem Gesicht vorbeiglitt. Sie sah ihn nicht direkt an! Typisch! Wieder eine von denen, die höflich sein wollten und seine Behinderung einfach übersahen. Später würde sie dann eine Gelegenheit suchen, um sich schnellstens aus dem Staub zu machen!

Enttäuscht und gekränkt über Berrits Reaktion setzte Jens sich auf den freien Stuhl ihr gegenüber. Wieso schmerzte es dieses Mal noch mehr als sonst, daß ein anderer Mensch ihn nicht so – wie er nun einmal war – akzeptierte? Es dürfte ihm doch gar nichts mehr ausmachen, schließlich war er daran gewöhnt, daß man ihm lieber aus dem Weg ging! Und doch – er mußte sich eingestehen, daß es dieses Mal besonders heftig wehtat.

Die Kellnerin kam zurück, sagte freundlich zu dem jungen Mädchen: „Ihr Essen kommt gleich!" und fragte dann nach seinen Wünschen. Jens bestellte erstmal ein Glas Wasser, versenkte dann sein Gesicht voller Verlegenheit in die Speisekarte. Er wollte dem Mädchen mit seinem Anblick nicht auch noch den Appetit verderben, dachte er ironisch. Ihm selbst war der bereits vergangen.

Wenige Minuten später beobachtete Jens, wie die Kellnerin das Essen seiner Tischnachbarin brachte, den Teller sorgfältig zurechtrückte und Serviette, Messer und Gabel griffbereit daneben legte.

„Wie immer, rechts das Fleisch, dann Gemüse und Beilagen im Uhrzeigersinn!“ sagte sie freundlich. „Ich wünsche Ihnen einen guten Appetit, Berrit!“

Aha, die ist hier bekannt! dachte Jens aufsässig. Daher das ganze Gehabe um sie! Bestimmt ist sie so ein verwöhntes Ding, das nur noch zugreifen und alles in sich hineinstopfen will. Warum soll ich mich eigentlich vor so einer verstecken?

Zornig legte er die Speisekarte beiseite und bestellte sich – äußerlich selbstbewußt, aber mit ängstlich klopfendem Herzen – sein ausgewähltes Gericht. Dann sah er sich sein Gegenüber zum ersten Mal genauer an.

Berrit war noch jung, vielleicht so alt wie er selbst, etwa Mitte zwanzig, hatte ein glattes, ebenmäßiges Gesicht und mittelblondes Haar, das ihr weich bis über die Schultern fiel. Sie war kaum geschminkt und trug auch keinerlei Schmuck, wirkte alles in allem schlicht und unaufdringlich und dennoch apart. Aber trotz ihres angenehmen Äußeren glaubte Jens, daß etwas mit Berrit nicht stimmte! Irgend etwas war merkwürdig an ihr! Ihre Augen waren so ... so seltsam, sahen aus, als wären sie nicht richtig ... als könnten sie nicht ...!

Jens beobachtete jetzt, wie sie von ihrem Teller aß, ohne auf diesen zu schauen, wie sie dann vorsichtig die Hand hob, sie langsam über den Tisch schob und nach dem Glas rechts neben dem Teller tastete. Da fiel es ihm mit einem Mal wie Schuppen von den Augen. Berrit konnte nicht sehen! Sie war blind!

„Bitte, entschuldigen Sie, Frau ... Frau ...!“ stammelte er

und lief wieder rot an, was Berrit natürlich nicht sehen konnte.

„Berrit!“ lächelte sie schnell in seine Richtung, und er bemerkte, daß ihre Augen auch jetzt wieder an ihm vorbeisahen. „Bitte, sag doch einfach Berrit zu mir. Und wie heißt du?“

„Jens.“ Er war noch immer verlegen. „Berrit, was für ein schöner Name!“

„Finde ich auch!“ Wenn Berrit lächelte, glitt ein heller Schein über ihr Gesicht, der bis in ihre toten Augen hineinreichte und sie plötzlich hell und lebendig wirken ließen.

„Du hast eine sehr angenehme Stimme, Jens. Sie war mir von Anfang an sympathisch!“

„Danke!“ Jetzt lachte auch Jens, ohne daran zu denken, wie sein Gesicht dabei wohl aussehen würde.

Sie kamen schnell miteinander ins Gespräch, das mit der Zeit immer lockerer, immer entkrampfter wurde. Berrit erzählte von sich, von ihrer Familie, von ihrem Leben. Jens erfuhr, daß sie bereits von Geburt an blind war, sich aber in den Alltäglichkeiten des Lebens ganz gut zurechtfand.

„Ich arbeite in der Telefonzentrale einer großen Firma und lebe allein in einer kleinen Wohnung ganz hier in der Nähe!“ erklärte sie. „Obwohl ich liebe und sehr verständnisvolle Eltern habe, wollte ich einfach mal zu Hause raus. Ich wollte einmal in meinem Leben wirklich selbständig sein. Das ist für eine Blinde natürlich nicht einfach, aber es geht ganz gut. Viele Dinge im Haushalt kann ich selbständig erledigen, bei anderen muß ich mir allerdings helfen lassen. Das Wichtigste für mich ist, daß alle Dinge immer an ihrem festen Platz sind, damit ich sie wiederfinde. Selbst die Anordnung der Speisen auf meinem Teller geschieht nach bestimmten Regeln!“

Jetzt lachte sie herzhaft, und Jens stimmte ein, wenn auch noch ein bißchen zögerlich.

„Und jetzt erzähl mal was von dir, Jens! Wie lebst du so? Was machst du beruflich?“ fragte Berrit fröhlich.

Jens stockte, wußte nicht so recht, was er erzählen sollte. Dann begann er von seiner Arbeit in der Werkstatt zu reden, stockte erneut und wußte nicht weiter.

„Und was ist mit dir nicht in Ordnung?“ fragte Berrit unumwunden.

Jens kam ins Schwitzen. „Mit mir? Nicht in Ordnung?“ fragte er gedehnt. Einen Moment schwieg er. Mußte er diesem blinden Mädchen überhaupt sagen, was mit ihm nicht stimmte? Sie würde ihn doch sowieso nicht sehen können! War das hier nicht eine einmalige Chance für ihn, endlich mal nicht nach dem Äußeren beurteilt zu werden? Sollte er nicht besser schweigen, damit er Berrits Wohlwollen nicht verlor?

„Ach, eigentlich bin ich ein ganz normaler Mensch!“ begann er zaghaft. „An mir ist nichts Erwähnenswertes. Daß ich in einer Schreinerwerkstatt arbeite, weil ich gerne mit Holz umgehe, habe ich ja schon gesagt. Ja und sonst … Ja, was mache ich sonst? Eigentlich nichts Besonderes!“

„Weißt du, Jens!“ begann Berrit vorsichtig. „Gott hat mir zwar kein Augenlicht gegeben, dafür aber Gefühle, die sehr wohl nachempfinden können, was meinen Augen verborgen bleibt. Wir Blinden können manchmal mit dem Herzen besser sehen als ihr Sehenden mit den Augen!“

„Und was siehst du bei mir?“ fragte Jens gespannt und dachte an den Satz, den Angela ihm gesagt hatte: „Liebe machte blinde Augen sehend.“

Berrits Gesicht war jetzt ernst und konzentriert als sie antwortete: „Ich sehe und fühle Trauer in dir! Große Trauer und auch ein bißchen Mutlosigkeit. Du bist sehr unglücklich, nicht wahr, Jens?"

„Ich ... ich weiß nicht!" Jens war verwirrt. „Eigentlich bin ich nur ...!" Doch plötzlich entschloß er sich, die ganze Wahrheit zu sagen.

„Ja, ich bin unglücklich und sehr einsam!" gestand er leise. Und dann brach es aus ihm heraus: „Weil alle mich ansehen, als sei ich ein Monster. Weißt du, Berrit, ich ... ich bin häßlich, furchtbar häßlich!"

„Nein, das glaube ich nicht!" erwiderte Berrit ruhig. „Du bist nicht häßlich, du nicht! Häßlich ist der, der andere haßt, der nicht einmal ahnt, was Liebe ist, und nur Böses um sich herum verbreitet. Ich als Blinde habe keine Vorstellungskraft, was Schönheit und was Häßlichkeit nach dem Ermessen der Gesunden ist, weil meinen Augen jede Vergleichsmöglichkeit fehlt. Aber ich kann empfinden, was Haß und was Liebe ist. Und in dir spüre ich keinen Haß! In dir spüre ich Sehnsucht nach Liebe!"

Jens war sprachlos. „Ja!" sagte er unsicher. „Du hast recht. Haß ist nicht in mir, aber Trauer und Einsamkeit. Und das hat mit den Menschen zu tun, die mich meiden, mich ausstoßen, weil ich nicht nach ihrem Geschmack bin. Wenn du mich sehen könntest, würdest du mich bestimmt ebenso behandeln wie die andern!"

„Möglich!" gab Berrit zu. „Vielleicht wäre ich dann ebenso dumm wie die andern!" Sie lachte wieder.

Plötzlich faßte Jens Vertrauen zu ihr, erzählte diesem fremden Mädchen, das er zum ersten Mal in seinem Leben traf, von dem Brandunglück, von der Zerstörung seines Gesichtes und von den schlimmen Folgen für sein ganzes Leben.

„Ich habe alle meine Freunde verloren", schloß er, „und

bin seitdem total einsam! Dabei sehne ich mich so sehr nach einem Menschen, der mich versteht und ...!"

Da sah er ihre Hand, die sich langsam und vorsichtig über den Tisch schob und nach seiner tastete. Er kam ihr entgegen, schloß seine Finger fest um ihre Hand. Ihr Gesicht strahlte wieder, als habe jemand von innen her ein helles Licht angezündet.

Noch lange sprachen sie an diesem Abend miteinander. Und als Jens seine Tischnachbarin später nach Hause brachte, hatten beide das Gefühl, daß sie einander schon lange kannten.

Von da ab trafen sie sich fast jeden Abend, redeten und lachten miteinander, machten lange Spaziergänge, kochten in Berrits Wohnung die tollsten Gerichte, diskutierten und wurden immer offener und vertrauter miteinander. Und schon bald merkten sie voller Entzücken, daß sich die Liebe ganz langsam in ihre Herzen geschlichen hatte.

„Laß uns für immer zusammenbleiben!" bat Jens und hielt Berrit fest in seinen Armen. Er erzählte ihr von seiner Schallplatte, die er jetzt nicht mehr brauchte, weil er endlich seinen Engel gefunden hatte, einen sehr menschlichen, dafür aber wunderbaren Engel, wie er immer wieder betonte. Seine Einsamkeit und sogar seine Bitterkeit waren endgültig vorbei. Jens war einfach glücklich!

Berrit strich mit zarten Fingern über seine verbrannte Haut, liebkoste die Narben, die sie als „unverkennbare Landkarte eines Gesichtes" bezeichnete, und nickte froh.

„Gott hat uns zusammengeführt!" sagte sie ernst. „Ohne dein Unglück hättest du mich wahrscheinlich nie beachtet. Aber so hat Gott dich auf mich vorbereitet, weil du weißt, was es bedeutet, ganz allein zu sein!"

„Vorbereitet? Gott?" Jens war noch skeptisch. „Mag sein.

Aber vielleicht war es auch Zufall! Jedenfalls – hätte Angela mich damals nicht in das Lokal geschickt, wo du gerade zum Abendessen warst, hätte ich dich nie kennengelernt. Dieser Frau sollten wir zum Dank einen großen Blumenstrauß schenken, einverstanden?"

„Gerne!" lachte Berrit und kuschelte sich fest an ihn. „Und zur Hochzeit sollten wir sie auch einladen!"

Sie waren beide rundherum glücklich. Endlich hatte Jens mit Berrits Hilfe sein Aussehen akzeptiert, fühlte sich nicht mehr wertlos und ausgestoßen. Und je besser er sich fühlte, um so leichter konnte er auf seine Mitmenschen zugehen. Er nahm neuen Kontakt zu seiner Familie auf, sprach wieder mit den Leuten und spürte erstaunt, daß er ja gar nicht so sehr abgelehnt wurde, wie er immer angenommen hatte.

„Wir waren nur total verunsichert!" gaben seine früheren Freunde zu. „Eigentlich fanden wir dein Gesicht gar nicht so schlimm, vergaßen manchmal sogar ganz, daß du anders aussahst als früher. Aber dann hast du uns immer wieder mit der Nase darauf gestoßen, hast gejammert und geklagt, daß ja wohl keiner mehr mit dir etwas zu tun haben will. Am Ende wußten wir nicht mehr, wie wir mit dir umgehen sollten. Und wenn wir versuchten, dich zu trösten oder dich ganz normal zu behandeln, hast du uns angeschrien, das wäre nur falsches Mitleid, und in Wirklichkeit würden wir ja doch nichts mit dir zu tun haben wollen.

Ja, und eines Tages war es dann wirklich so, wir haben uns zurückgezogen, einer nach dem anderen, obwohl wir das eigentlich gar nicht wollten. Aber jetzt, Jens, jetzt möchten wir das ändern, möchten wieder deine Freunde sein!"

Auch Berrit war glücklich, einen Menschen gefunden zu haben, der die Welt mit offenen und dankbaren Augen betrachtete und ihr beschrieb, wie alles aussah. Selbst

Farben und Formen, die Berrit sich überhaupt nicht vorstellen konnte, wurden mit Jens' Worten so anschaulich, daß sie manchmal fast glaubte, selbst sehen zu können.

Gemeinsam gingen sie mit einem großen Blumenstrauß zu Frau Wagner, um herauszufinden wo Angela wohnte.

Aber Frau Wagner schüttelte auf ihre Frage nur verständnislos den Kopf. „Ich kenne keine Angela, weiß gar nicht, wen Sie meinen!" sagte sie ratlos. „Ich war zwar ein paar Mal krank und hatte auch Urlaub! Aber nein, an eine Angela kann ich mich wirklich nicht erinnern!"

Später, als sie allein waren, nahm Berrit Jens in die Arme. „Vielleicht war Angela ein Engel!" sagte sie leise. „Ganz bestimmt sogar! Vielleicht hat Gott diese Angela zu dir geschickt, um dich daran zu erinnern, daß dein Aussehen unwichtig ist. Dein Herz ist das Entscheidende!"

Jens sah Berrit tief in die Augen. Er wußte, daß sie ihn nicht sehen konnte und ihn auch nie anblicken würde. Aber es war einfach himmlisch, in ihre Augen zu sehen! Einen kurzen Moment sah er sich selbst darin wieder. Und sein Gesicht war heil und glatt wie vor dem Unglück.

Leise sagte er: „Ja, mein Engel! Das glaube ich auch! Und ich glaube, daß Liebe blinde Augen sehend machen kann!"

Männer mit Flügeln?

Gesprächshilfen

Boten aus Gottes Welt

Engel sind Vertreter der himmlischen Welt. Johannes, der in einer Vision einen Blick in Gottes unsichtbare Welt werfen darf, sieht viele tausend Engel, die Gottes Thron umgeben. Sie loben ehrfurchtsvoll Gottes Macht und Herrlichkeit (Offenbarung 5,11; 7,11).

Wo Engel auf der Erde auftauchen, bricht ein Stück von Gottes Welt in unsere Welt hinein. Sie überbringen im Auftrag Gottes Befehle (Richter 6,11ff), stärken Notleidende (1. Könige 19,5-7), greifen in Kämpfe ein (2. Könige 19,35) oder üben Gericht (2. Samuel 24,16).

Engel in menschlicher Gestalt

Einige Bibelstellen berichten, daß Engel in menschlicher Gestalt erschienen, wie etwa bei Abraham und Lot (1. Mose 19,15-17). Ja, Engel haben sogar menschliche Verrichtungen übernommen, aßen und tranken mit ihren Gastgebern, ließen aber nie ihren Auftrag aus den Augen (1. Mose 18,1-15). Im Hebräerbrief wird diese Begebenheit aus dem Alten Testament mit den Worten kommentiert: Vergeßt nicht, Gastfreundschaft zu üben; denn ohne es zu wissen, haben manche auf diese Weise Engel bei sich aufgenommen (Hebräer 13,2).

Engel erscheinen im Traum

Auch in Träumen oder Visionen haben Engel zu den Menschen gesprochen, zum Beispiel zu Josef in der Weihnachtsgeschichte (Matthäus 1,19-20; 2,13.19-20).

Überirdische Gestalten
Wieder andere Begebenheiten berichten von Engeln in überirdischen Gestalten. Maria von Magdala war eine der Glücklichen, die das erleben durfte. Im Grab des gekreuzigten Christus sah sie „zwei Engel in weißen Gewändern" sitzen, die ihr verkündeten, daß ihr Herr auferstanden ist. Und die Soldaten, die Jesu Grab bewachten, erschraken zu Tode vor einem Engel, „der aussah wie der Blitz" (Matthäus 28,2-4; Johannes 20,11-13)! Besondere Engel sind die Cherubim, die den Baum des Lebens im Garten Eden bewachen (1. Mose 3,24; Hesekiel 1;10,19; 11,22), und die Serafim, die sechs Flügel haben (Jesaja 6,2).

Schutzengel
Die volkstümlichste Vorstellung von Engeln! Auch Jesus erwähnt Schutzengel (Matthäus 18,10) und betont damit Gottes Liebe zu den Kleinen und Schwachen. Und in Psalm 91 bekennt ein Mensch, der sich unter Gottes Schutz geborgen weiß: „Er hat seinen Engeln befohlen, daß sie dich behüten auf allen deinen Wegen" (Psalm 91,11).

Jesus und die Engel
In seinem irdischen Leben war Jesus von Engeln begleitet. Bei verschiedenen Gelegenheiten erfuhr er den Beistand der Engel (Matthäus 4,11; Lukas 22,43). Als Sohn Gottes ist Jesus den Engeln aber übergeordnet (Markus 13,27; Hebräer 1,4ff).

Engel können sich freuen
Auch uns Menschen stehen die Engel nicht gleichgültig gegenüber. Im Gegenteil, sie nehmen Anteil an unserem Ergehen. Jesus erwähnt einmal, daß die Engel im Himmel

sich freuen über einen einzigen Menschen, der zu Gott umkehrt (Lukas 15,10). Welch eine wunderbare Vorstellung!

Engel haben Namen

Im Buch Daniel werden Engel erstmals mit Namen genannt: Gabriel spricht mit Daniel (8,16ff); Michael ist als Engelfürst über Israel gesetzt (10,13).

Engel haben Autorität

Die Gesandten Gottes sind keine niedlichen Gestalten, wie sie oft in der Kunst dargestellt werden. Vielmehr haben sie den Menschen immer Respekt abverlangt, ja ihnen sogar Furcht und Entsetzen eingeflößt. Die Hirten auf dem Feld bei Bethlehem, denen die frohe Botschaft verkündigt wurde, fürchteten sich sehr, als ein Engel Gottes zu ihnen sprach (Lukas 2,8-12)!

Charlotte Hofmann-Hege

Alles kann ein Herz ertragen

196 Seiten, 5. Auflage
ABCteam-Taschenbuch
Bestell-Nr. 3-7655-3963-5

Die 15jährige Elisabeth reist im Frühjahr 1912 mit der Familie ihres Onkels nach Rußland. Sie ahnt nicht, daß sie ein Opfer der politischen Umwälzungen werden und mehr als 30 Jahre in sibirischer Gefangenschaft leben wird.

Margaret Fishback Powers

Spuren im Sand

Ein Gedicht, das Millionen bewegt, und seine Geschichte

96 Seiten, 10. Auflage
ABCteam-Geschenkband
Fester Einband
Bestell-Nr. 3-7655-1594-9

Als Margaret Fishback Powers das Gedicht *Spuren im Sand* verfaßte, war sie Anfang zwanzig und auf der Suche nach einem Wegweiser für ihr Leben. Die Entstehung des Gedichts, sein Verlust sowie die unerwartete, verblüffende Wiederentdeckung – all das ist unauflöslich verquickt mit einem Leben geislicher Herausforderungen, Widersprüche, aber auch voller Freude.